新種の人材を
獲得せよ！
育てよ！

人材トランスフォーメーション

Transformation

コーン・フェリー
柴田 彰
Akira Shibata

日本能率協会マネジメントセンター

はじめに

いま、日本企業は明らかに新種の人材を求めている。これまで自社の内に抱えてきた人材とは確実に異なる姿の人材を、喉から手が出るほど欲し、躍起になって探している。人間とは欲深いもので、いつの時代でも他社の人材を羨み、あるいは社外にはもっと優れた人材がいるのではないかと、言ってしまえばないものねだりをすることが常だった。しかし、昨今はかつてとは様相が大きく異なり、日本企業は社内では見つけることができない、新しいタイプの人材を本気で追い求めているのだ。

例えば、次代の経営者育成について考えてみて欲しい。コンサルタントという立場から客観的に日本企業を見ていると、ここ数年で確実に経営者育成に対する関心が高まったと感じる。日本においてもコーポレート・ガバナンス・コードが導入され、経営者のサクセッションに対する外圧が強まってきているという環境要因もあるにはあるが、それよりも、会社の将来を任せることができる経営者候補が社内に育っていないという、企業側の強い危機感が根底にあるように思う。その危機感の裏を返せば、従来と同種の経営者では会社の成長は期待できない、これまでとは違った資質なり能力を持った経営者でなければ、これからの会社を率いることができない、という問題意識がある。

日本企業では生え抜きの人材を経営者に据えるのが疑いようのない常識だったが（特に世間に名だたる大企業ほど）、近年では誰もが知っている大企業であっても、社外から経営者を招聘するケースが目立ち始めた。この事実は、会社が経営者に求めるものが変わり、新しい血を入れる必要性に駆られた一つの証左だといえる。いきなり社外から経営者を登用することの是非には多くの論争があり、すべてのケースで上手くいっているとは言い難いのが実際ではあるが、新種の経営人材を社外にも追い求める時勢の流れに、もはや逆行はないものと思われる。

「デジタル・トランスフォーメーション」、この言葉を耳にしたことがある方は多いはずだ。ある種のバズワードと化している感もあるが、閉塞している状況をデジタル技術によって打破していきたいという、日本企業の焦りとも期待ともいえる思いが、デジタル・トランスフォーメーションを極めて魅力的なキーワードに引き立てているのだと感じる。そして、このデジタル・トランスフォーメーションを社内で実現できる人材を何としても手に入れたい、そういう欲求を生み出すことになる。コーン・フェリーではハイクラスの人材サーチも行っているが、デジタル・トランスフォーメーションを実現する人材を探して欲しいという、日本企業からの依頼が飛躍的に増えてきている。デジタル技術に関する豊富な知識を持ち、かつ企業に変革を起こせる人材、滅多にお目にかかれないスーパータレントを皆追い求めているのだ。その他にも、新しい事業のタネを見つけてきて収益化する人材、誰も思いつかなかったような高付加価値サービスを考案する人材など、これまでの日本企業を支えてきた類の人材とは、かなり異なる姿の人材を日本企業は獲得したいと願っている。

冷静になってみると、会社成長の多くを、新種の人材の登場に期待するというのは、何とも危うい話である。自社の社員を既存人材という意味でオールドタイプとし、新しく欲している人材をニュータイプとして考える二元論は、極めて大衆迎合的で受けの良い構図だろう。しかし、当たり前のことながら、人材論だけで企業の業績向上を語ることは無理で、競争に勝つための戦略、戦略を実行せしめる仕組みや制度など、すべてが整ってこそ勝算が見えてくるものだ。過大にニュータイプの登場に期待をかけすぎるのも甚だ問題である。とはいいつつも、多くの日本企業を見ていると、会社の転機とも呼べる過去の難局において、ある特定の個人が颯爽と登場して大活躍したという英雄譚が、まるで伝説のように語り継がれているのもまた事実だ。そして、往々にしてその個人というのは、会社の中ではかなりの異端児で、他の多くの社員とは明らかに異なるパーソナリティーの持ち主だったと記憶されている。つまり、その時点においては新種の人材だったのだ。読者がお勤めの企業の中でも、こうした都市伝説ならぬ会社伝説となっている社員が、少なくても何人かは思い当たるのではないだろうか。

企業の栄枯盛衰を人材論だけで物語ることはできないが、企業が反転攻勢に出る時、これまでとは違った性質を持つニュータイプ人材が、あたかも変革のスイッチを入れる起爆剤のごとく必要になる。過去の歴史を振り返ると、企業の一大転機においては、新種の人材の登場が成否を分ける一つの分水嶺になることに間違いはない。

本書のタイトルである「人材トランスフォーメーション」を平たく言うと、人材改革くらいの意味になる。少し面白おかしくデフォルメすれば、旧型の人材を新型の人材に変えていこう、そういう話である。企業にとって人材をトランスフォームするということは、欲しい人材を新たに外から持ってくるか、あるいは社内の人材を育成し直すことを意味する。

とはいえ、多くの企業が同じような新種の人材を欲しがっているとすると、そうした人材は日本には滅多にいないということだ。人材市場において極めて希少性が高い銘柄を、皆がこぞって探していることになる。それは、まるで幸せの青い鳥を探すような作業だ。確率論的に見ると、かなり難しい賭けをしていることになる。そのため、社外からの採用だけでは事足りず、社内にいる既存の人材を変えていくことも考えなければ、人材改革は成就しない。採用と育成の合わせ技でもって、体内の古い血を徐々に新しい血に入れ替えていくようなイメージだ。

新たに採用するにせよ、今いる社員を変えていくにせよ、日本企業は自分たちが欲しい人材のイメージをしっかりと形にしなければならない。輪郭のぼやけた的に幾ら矢を射ったとて、核心に当たるはずがない。しかし正直なところ、不思議なことに、自分たちが登場を心待ちにしている人材の具体像を、きちんと描けている日本企業はとても少ない。まるで、ヨーロッパの方に旅行に行きたいのだが、本当に訪れたいのがイタリアなのかデンマークなのか自分でもわからない、そんな風情だ。旅することで欧風的な異国情緒を味わってみたい、その程度の漠とした目的意識では、改革などはできっこないだろう。何とも珍妙な話ではあるが、人材トランスフォーメーションの一丁目一番地は、自分たちが欲しがっている新型人材の具体像を正しく知ることである。

新種の人材の象徴として先に述べた、次代の経営人材、デジタル・トランスフォーメーションを実現する人材は、一見すると双方で全く性質の違う人種に思える。彼らが有する経験や知識には、確かに共通項は少ないだろう。しかし、コーン・フェリーの調査から、何らの共通性もないように見えるこうした新種の人材には、根っこの部分では幾つか同じ特徴があることが明らかになった。不確実性をものともせず、むしろあいまいなことを楽しめるメンタリティー、環境に適応するアジリティー、物事を相対化する思考力など、コンピューターに例えるならば仕事人としてのＯＳ（オペレーティングシステム）ともいうべき部分に、明らかな共通の特性があるのだ。これらの特性は、日本企業がこれまで大事に育ててきた人材にはなかなか見られないものだ。

周囲の関係者に最大限の配慮を行い、何より段取りを重んじて、そつなく大過なく仕事を取り進める。やや極論になるかもしれないが、日本の大企業で高い評価を与えられてきた人材の典型イメージを言葉にすると、こんな表現になるだろう。ＯＳとして備えているべきは、どちらかといえば保守的で、不確実性はリスクとして回避すべきという精神性であり、物事を緻密に積み上げる思考様式である。日本企業はこうした人材を好み、意識的に、あるいは無意識的に再生産してきた。これからも、放っておけば同じタイプの人材が生み出し続けられるだろう。

繰り返しになるが、人材トランスフォーメーションとは、旧いタイプの人材を、日本の企業が今まさに希求している新しいタイプの人材に入れ替えていくことである。本書を通じて、読者の皆さんを人材改革の入り口に誘っていきたいと思う。日本企業が欲している新種の人材はどんな人たちで、一体どこに存在しているのかという疑問には、彼らの群像を活き活きと描写することでお答えしていきたい。そして彼らニュータイプに共通して見られ、オールドタイプにはなかなか見られない特性について、コーン・フェリーの調査データを基に解説する。そうすることで、日本企業が真に必要とする人材の姿を、生々しいイメージとしてお伝えしていきたい。

本書の見方を変えれば、仕事人としての市場価値を高めていきたいとお考えの読者にも、有益な示唆が得られるものになっていると思う。人材市場では企業側の需要と、人材の希少性の高さこそが市場価値を決める因子である。本書で論じていきたいのは、今現在の日本において、正にその両方の条件を満たす人材についてだ。本書で描写する人物像を透かして、自らの市場価値を高めるために備えておくべき気構えや資質をおわかりいただけるのではなかろうか。

今まで世に出回っていたものとは少し異なる人材論に、最後までおつきあいいただきたい。

柴田　彰

目次

第1章

日本企業が追い求める新種の人材

1-1 人材論、新時代の幕開け

日本企業は、もっといえば日本人は人材論がことさらに好きだ。企業の経営会議や役員会といったフォーマルな場でも、同僚との昼食や終業後の会食といったインフォーマルな場でも、社内の人材について話題に上らないことはない。話題は特定の個人評だったり、時にはもっと深淵《しんえん》な自らの人材哲学だったりもする。皆、これまでの自分の成功体験や、職業人生を通じて培ってきた己の仕事哲学に照らして人材論を展開するため、社内の個人評などは正に専門家さながら多事争論となる。「〇〇くんは頭が抜群に切れるんだけど、私利私欲が透けて見えて人徳がないから部下がついてこない」とか、「〇〇さんはとにかくやり切る力が強い代わりに、企画力が滅法弱いんだよね」とか、一応、その人の力量を要素分解して評するものだから、さももっともらしい評価に聞こえるものだ。時には、よく自分のことを棚上げして、他人のことをそんな風に評価できるものだと思わないこともないのだが…。

何も人材論だけに限ったことではなく、人材育成論も格好の話の題材になる。これもまた、自分の経験則に従って、人とはこうやって育てるべきという持論を、皆、思いおもいに展開する。当たり前の話だが、人材と育成の議論は切っても切れない関係にある。人材育成という文脈で少し話が脱線するが、日本には研修を生業としている会社がとても多いように感じる。統計を取って正確に調べたわけではないので、あくまで感覚値でしかないのだが、企業に対して何らかの教育・研修プログラムを提供している会社の総数は、どの先進国に比べても日本が圧倒的に多いのではないだろうか。日本の研修会社は、さまざまな教育テーマを総合的に取り扱っている大手から、新人のマナー研修や管理者の評価スキル研修といった具合に、特定のテーマを専門とする中小規模の会社まで、本当にバラエティーに富んでいる。

どうして日本にはこんなに研修会社が多いのかを考えてみるのは、存外おもしろい試みのように思える。日本企業の人材育成に対する考え方、捉え方が透かし視えてくるからだ。

人材育成の70：20：10の法則というものをご存じだろうか。コーン・フェリーの源流の一つとなっている旧ローミンガー社（コーン・フェリーが買収統合した、かつて存在した米国の人材開発コンサルティング会社）が提唱した人事の世界では有名な法則で、人がリーダーとしての学びを得る機会の影響度を数値化したものである。人は70％を実際の仕事経験から学び、20％は上司や先輩など周囲からのアドバイスやコーチングを通じて学びを得て、残りの10％は研修などの座学のＯｆｆ－ＪＴから学ぶ、という法則だ。自分の成長過程を振り返っていただくと、何とも腑に落ち感のある主張ではないだろうか。

読者諸氏の中に、社内で全く研修を受けたことがないという人はほぼいないだろう。受講した研修の中には、全く役に立たなかったと思うものもあるだろうし、有益だったと感じたものもあるはずだ。誤解なきように言うと、影響度が10％に過ぎないからといって、研修に代表されるＯｆｆ－ＪＴを軽視するものではない。形式知化しやすい業務遂行のハウツーを習得する機会、自分を振り返り気づきを得る機会として、研修は有効な場を提供し得るものだ。ここで問題視をしたいのは、研修の影響度の低さではなくて、「人材育成＝研修」となりがちな日本企業の思考様式の方である。

日本企業に独自に見られるものの中に、人材育成体系（あるいは人材教育体系）なるものがある。人材育成の体系、つまりシステムなり秩序なのだから、言葉からして中々に壮大なものだ。しかし、その内実を見てみると研修プログラムの羅列であることが多い。その会社が実施する研修プログラムが階層別・年代別に並べられているという意味では、体系化されていると言えなくもないが、人材育成と銘打っておきながら、研修がすべてである点に正直なところ大きな違和感がある。70：20：10の法則に立ち返ると、学びの影響度が最も大きい、経験を通じた育成は一体どこにいってしまったのだろうか？

人材育成体系は、日本企業が社員の育成をかなり矮小化して考えてきた一つの象徴例と言えそうだ。日本の企業、正確にはその人事部門が研修に走りたくなる理由もわからなくはない。人材育成が企業の存続のためには絶対不可欠で、怠ってはいけない行為であることに異論を差し挟む人はいない。ところが、全社をあげた育成の取り組みはそう簡単ではなく、そんなに直ぐに効果が出るものでもない。かといって、何ら育成の手を打つことなく無為に時を過ごすわけにもいかないので（特に人事部門には経営と社員の両方からプレッシャーがかかってくるため）、実施有無が見えやすい、つまりは〝やった感〟が出やすい研修につい手を出したくなる。人材育成といえば、とにかく先ずは研修と考えたくなるのも仕方がない部分がある。こうした力学が、ここ日本で研修会社が増殖した最たる原因の一つと考えて差し支えないだろう。

以上のように同情の余地がなくもないのだが、見方を変えれば、日本企業は社員の育成を現場に丸投げしている、ということもできる。会社として研修はやっているのだから、後は各々の現場で頑張って社員を育てろ、乱暴にいうとこんな理屈だ。人材の育成に対する影響度が最も大きい経験学習を、現場の創意工夫に委ねてきたのが日本企業の実態なのだ。しかし、近年ではこの構図に地殻変動が起こってきている。社員に積ませるべき経験を、会社が計画的にデザインしようとする動きが活発になっているのだ。

随分と前から、日本でもキャリアパスを設計する試みはなされてきたが、先進的な企業で検討がなされている内容は、この旧来的なキャリアパスとは次元が異なるものである。会社として最終的に育って欲しい人材の絵姿を描いて、その人材像に近づくためにはどんな順番で、どんなポストに配置していくのが合目的的かを個別具体的に詰めていくのだ。従来のキャリアパスがマネジメント型、エキスパート型くらいの緩めの類型でゴールイメージを示し、全社員を対象とした異動や配置の指針を描くものであるのに対し、その具体性と真剣味には雲泥の差を感じる。計画的に職務経験をデザインしようとしている企業では、研修は学習を補完する一つの部材でしかなくなっている。日本の人事の世界を長年にわたって見てきた身としては、かなり大きな変化だと受け止めている。

では、どうして人材育成の考え方に大きな変容が生じてきたかというと、企業が必要とする人材の姿が、かつてとは明らかに異質なものになってきたという認識が生まれたからだ。これまでのような研修に偏った育成方法では、自分たちが欲しているような人材は生まれてこないことに、日本の企業は感付いてきたのである。

話の脱線ついでに、研修に絡んでもう一つの話をしたい。人材育成の時流というか、その時々での流行を追いかけようとすると、研修会社が積極的にアピールしている、要は気合を入れて売りに出している研修プログラムのテーマを見るのが一つの方法だ。ここ十数年を簡単に振り返ってみると、まず「戦略的思考」、欧米風にいうと「ストラテジック・シンキング」の技術を養おうとする研修プログラムが一世を風靡した。日本企業が、その場の雰囲気や情実に流されて物事を決定する悪弊を反省し、欧米風の合理的で計画的な意思決定の様式に憧れを持ったことが、これらのテーマがブームになった誘引だったと思う。

もう少し時代を下ると「ダイバーシティ」、あるいは「インクルージョン」に関する研修プログラムが百花繚乱の状況になった。現在でも、グーグルで「ダイバーシティ＋研修」と入れて検索すると、それこそおびただしい数の研修会社名と研修内容が引っかかってくる。この種の研修が盛んになった背景には、疑いようもなく事業のグローバル化というテーマが存在している。事業がグローバルに展開すればするほど、企業で働く社員の国籍も多様化し、企業は日本人だけの同質社会ではなくなってくる。価値観や物事の考え方が異なる他民族をまとめ上げるべく、ダイバーシティに取り組もうとする日本企業の事情を、研修会社がサービスの中に上手く取り込んだのだ。

近年はどうかというと、「教養」や「アート」といったような、一見するとあまり実践的でないと思えるテーマが注目を浴びている。本来、「教養」と「アート」では意味する対象、論じるべき事柄の位相が異なるものだが、ざっくり捉えると、人間の創造的な思考を支えるものということができる。要は、新しい事業機会を生むような非連続的な発想は、小手先のスキルからでは生まれてこない。もっと全人格的で、人間が学び経験してきたあらゆる知恵を総動員しなければ、創造性の豊かな思考などはできようがない、といった論理である。そして、思考に動員する知恵は豊かなものであった方が、生み出される創造性は芳醇なものになってくる。そうした理屈が、教養やアートなど多くの人にとっては仕事に直結しないテーマを、衆目を集めるものにしている。最近、経営大学院が企業のエグゼクティブを対象としたトレーニング・プログラムの中に、芸術や哲学、歴史といった教養系の科目を設置し始めたことなどは、一つの事例といえるだろう。

研修という切り口から人材育成の流行を追いかけてみると、表層的なスキルから、より深淵な人間性のようなものを取り扱おうとする方向に遷移していることがわかる。意地の悪い見方をすれば、研修会社がスキル系のプログラムをやり尽くしてしまったため、何か違うテーマでプログラムを打ち上げる必要があった、そう考えることもできなくはないが、創造性をキーワードにした教養への関心の高まりは、日本企業の問題意識を色濃く投射したものだと受け取った方がよっぽど自然だ。

さて、冒頭から随分と回り道をしてしまったのは、研修会社の話を通じてお伝えしたいことがあったからだ。いま現在、日本企業が求めている人材は、これまで行ってきた育成方法では育てることができないような、既存の社員とは大きく異なる人材であること。そして、その相違点とは外形的に見て判断できるスキルなどの有無ではなくて、もっと根の深い人間性の部分にありそうだということ。この二つこそが本書でじっくり論じていきたい主旨である。未だ多くの日本企業が持ち続けている人材観、こだわり続けている育成方法の枠組みを超えた、新しい人材論をここから始めていきたい。

1-2 「このままの人材では勝てない」という、日本企業の危機感

社員に求める要件を大きく見直したい。この2~3年の間で、日本企業からこうした依頼を受けることが増えた。よくよく話を聞いてみると、会社の戦略や経営環境が以前から変わってきた、という事情が大元にあるらしい。この変化に対応するために、会社が育てていくべき社員の能力や資質も再考していきたい、簡単にいえばそんな話である。

この発想は、とても健全な物事の考え方だと思う。少し専門的な言葉を使うと、人材要件の再定義を行うべき、と多くの日本企業は考えているのだ。人事の世界を多少なりとも知っている方であれば、人材要件が何を指しているのかはご存じだろう。人材要件とは会社が育てたい、確保していきたい人材像を具体的に記述したものであり、社員育成の指針になると共に、登用や採用の基準にもなるものである。要するに、会社が人材のマネジメントを行っていく上での拠り所とすべきものだ。人材要件を再定義するということは、会社がこれから生き残っていくために、人材についての価値観を一旦リセットして、上書きするのと同義である。

基本は急進的な変化を好まない日本の企業が、そこまで大胆な試みをしようとしているのは、このままの人材ではこの先は勝つことができない、といった焦りを感じているからだ。

コンサルタントという仕事柄、さまざまな業界で、日本を代表する大企業の社員の方に数多くお会いしてきた。こんなことを言うのは僭越ながら、いわゆる名門と呼ばれるような大企業で働いている社員の方々は、押しなべて仕事人として優秀な方ばかりである。厳しい就職戦線を勝ち抜いて、狭き門をくぐり抜けた選ばれし人たちなのだから、優秀でないはずもない。ところが、そうした傍から見れば優れていると感じられる社員でも、この先の経営は覚束ないと企業は考えている。どうしてなのだろう?

改めて、仕事上で何気なく使っている「優秀」という言葉の意味について考えてみたい。どんな会社であっても、周囲から優秀だと言われている社員、上司が優秀だと評する部下がいる。人には好みがあって、人物評価にもその好みは表れるものである。新卒採用における採用官を変えたところ、入社する新人のキャラクターが変わった、などということはざらにある話だ。元気があって快活な社員が良いとする人もいれば、慎ましく理知的な社員が好きという人もいる。人間、こうした人に対する嗜好性があるのは事実だが、日本の会社において優秀と目される人物の姿を一般化することは可能だと思う。

人間の、もっと正確を期せば職業人の能力を測る方法論として、代表的なものにコンピテンシーと呼ばれるものがある。コンピテンシーをごく簡単に説明すると、職業人に必要とされる能力を要素分解し、その要素ごとに対象者の力量を測定するものだ。そのコンセプトは2000年前後に米国から日本に持ち込まれ、今ではここ日本でも人材を評価する方法論としてすっかり定着した感がある。

少し余談となってしまうが、コンピテンシーはコーン・フェリーの前身の一つである組織・人事コンサルティング会社の旧ヘイグループが世に送り出した方法論の一つである。コンピテンシーの誕生は1970年代に遡る。当時、ハーバード大学で行動心理学を牽引していた、その分野では著名人であったデイビッド・マクレランド教授は、アメリカ国務省からある依頼を受けた。外交官の中には、目覚ましい活躍をしている優秀な人と、そうではない凡庸な人とがいる。両者の違いが何によって生み出されているのか調べて欲しい、そういう依頼だった。当時も外交官はエリートと呼んで良い職業で、誰もが高い学歴を持ち、試験でも優れた成績を収めていた。つまりは、学力や知的レベルは両者に大きな差がないことを意味しており、違いを探る調査は難航した。試行錯誤の中でマクレランド教授は、彼らの行動を粒さに観察することで違いを見出そうとした。地道な調査を通じて外交官の日常的な行動を細かく見ていくと、確かに両者には成否を分ける違いがあることが判明した。

同じ仕事をしていても、高い成果をあげる人と、平均的な成果しか上げられない人では、行動の仕方に明確な差が存在していた。この場合の「行動」には、物事の受け止め方や考え方といった思考様式までも含まれる。マクレランド教授は、この仕事上の成否を分ける行動特性をコンピテンシーと名付けて、概念化に成功したのである。この後、マクレランド教授は旧ヘイグループに参画してコンピテンシーの方法論をさらに進化させると共に、リーダーシップ開発分野の実質的な創業者として、同社の発展に大きく貢献した。さて、ここでコンピテンシーの話をしたのは、日本企業において優秀とされる人物像の一般化を試みるにあたって、コンピテンシーを用いたいと思ったからだ。

２０００年代の中盤あたりから、日本でも人材アセスメントというものが大分メジャーなものになってきた。人材アセスメントとは、要は社外の能力査定の専門家を起用して、社内の人材をできるだけ客観的に評価しようとすることを指す。どんな時に人材アセスメントが行われるのかというと、課長や部長といった、管理職への登用タイミングで実施する企業が多い。会社の浮沈に影響力を有する管理職ポストへ相応しい人物を選ぶ材料として、専門家の客観的な評価も取り入れたいというのが、このタイミングでアセスメントを実施する理由だ。人選に慎重を期すと言えば聞こえは良いが、人事部門が自分たちの人選に自信を持ちきれないために、社外の評価に頼っている、という穿った意見も出てきそうではあるが…。

ともあれ、現在ではこの人材アセスメントがかなり一般的なものになっており、近年では管理職よりもさらに上の役員選抜、社長の後継者選びにも使われるようになってきている。かつての日本の企業では、経営トップを含めた役員の選任などは奥の院でひっそりと決まっていたことを思い出すと、何とも昔日の感がある。

人材アセスメントに限らず、評価という行為には、どうしても基準が必要になる。何をOKとして、何をNGとするか、この基準が明確であればあるほど、評価の鋭さは増してくるものだ。人材アセスメントにおける基準とは、会社が必要とする人材像と同義になる。この人材像を評価基準として測定が可能な形に落とし込むために、先述のコンピテンシーを用いるのが今のところ通例になっている。管理職への登用でアセスメントを行う場合には、会社が管理職に求める人材像をコンピテンシーで定義していく。つまりは、その会社で〝優秀〟と認知されている管理職の姿を描いたものになるのだ。

コーン・フェリーはこれまでに、数百という日本企業に対して管理職への登用アセスメントを行ってきた。その数だけ、会社が求める管理職の人物像を、アセスメント基準としてコンピテンシーで設計してきた。日本の会社が優秀とする人材イメージを一般化して語る上で、こんなに格好の材料はないだろう。突っ込んだ話をする前に、先ずはコンピテンシーの種類について概観したい。どんな職種にも、どんな階層にも適用できる汎用性の高いコンピテンシーをジェネリック・コンピテンシーと呼ぶ。このジェネリック・コンピテンシーには22の種類が存在している。

図表1は22種の各コンピテンシー項目を簡単に説明したものだ。それぞれの項目がどんな思考・行動の特性を指しているのか、名前からおおよそのイメージを持っていただけるものと思う。組織を率いるための**「リーダーシップ」**や**「育成力」**のようなものから、思考のあり方を問う**「分析的思考力」**や**「概念的思考力」**といったものまで、仕事で直面するあらゆる場面を網羅できるだけの種類がある。

これら22種のコンピテンシーをすべて兼ね備えているのが最も素晴らしいのだが、現実的に考えるとそんなスーパーマンなど世の中には存在しない。筆者も長いこと人材アセスメントに携わってきたが、どんなに抜きん出た業績をあげている人であっても、すべてのコンピテンシーを日常的に発揮している人などは見たことがない。幾ら理想的な人物像を描くにしても、あまりに現実離れしたものを作り上げては意味がないので、アセスメントの基準を設定する際には、本当に大事なコンピテンシーだけを絞り込んで選んでいくことになる。選ぶという作業が発生するからこそ、そこに会社の価値観が濃厚に反映されることになる。

図表1 ジェネリック・コンピテンシー一覧

コンピテンシー名称	コンピテンシー定義
リーダーシップ	メンバーを効果的に共に働くように導き、動機付けようとする
強制力	行動基準を設定し、その基準どおりに相手を動かそうとする
育成力	他者の資質を長期的に育成しようとする
チームワーク	メンバーを尊重し、チームの円滑な運営を促進しようとする
達成指向性	目標に執着し、それを超えることやそのために計算されたリスクを取る
顧客志向性	サービスを受ける顧客のニーズを察知し、それに応えていこうとする
組織志向性	組織の基準、ニーズ、目標を理解し、それを促進しようとする
自信	リスクの高い仕事に挑戦したり、権力のある人に立ち向かったりする
イニシアティブ	将来のニーズやチャンスを先立って考え、先取りしようとする
フレキシビリティ	状況変化に応じて、仕事のやり方や方向性を変えて対応をしていこうとする
徹底確認力	あいまいなことを減らし、詳細なことに注意を払い、系統化しようとする
誠実性	自分の信念や価値観に基づく行動を一貫して貫き通そうとする
セルフコントロール	ストレス状況の中でも感情的にならないで対応しようとする
専門性	専門的知識を習得したり、業務に活用する
分析的思考力	原因と結果の因果関係を突き止め、対応策を練る
概念的思考力	パターンを見抜いたり、考え方をつなぎ合わせ、新しい見方を作り出す
情報指向性	質・量の両側面から、執拗に情報を収集する
対人理解力	言葉で表現されていなくても、相手の思考や感情を察知しようとする
組織認識力	非公式の政治力、組織構造、風土に敏感に反応し、それを活用しようとする
対人影響力	論理的、感情的な影響力を意図的に活用して相手に影響を与えようとする
関係構築力	個人的な信頼関係を築く努力をする
多様性の理解	組織・地域・文化的な違いによる人の考え方や振る舞いの特徴を理解する

1-3 理想とする社員像の大きな変化

さて、本論に戻って、日本企業が管理職の登用で人材アセスメントを行うにあたり、基準として用いるコンピテンシーの種類について見ていこう。多くの会社が登用の基準として選んでいるコンピテンシーこそ、日本における優秀な会社員のイメージを代弁してくれるものになるはずだ。

「うちはよその会社とは少し違うんです」

コンサルティングの仕事をしていると、よく耳にする言葉である。これは何も人材論に限った話ではなく、会社のカルチャーや人事にまつわる諸制度など、いろいろなところで自社の特殊性を訴えようとする方が多いように思う。そこには恐らく、自分たちは特別なんだという、いや特別でありたいという願望が根底にあるのだろうと感じる。しかし一歩引いた目線から冷静に眺めると、会社間の差など、誤差とも言うべき小さな違いにしか過ぎないこと

図表2 ジェネリック・コンピテンシーの採択率ランキング（上位10項目）（2005年-2015年）

順位	コンピテンシー
1	達成指向性
2	リーダーシップ
3	分析的思考力
4	対人影響力
5	対人理解力
6	組織志向性
7	誠実性
8	育成力
9	徹底確認力
10	セルフコントロール

の方が多かったりする。これから論じようとしている、理想とする管理職の人材像もその一つである。

2005年から2015年までの10年間に、日本企業が管理職の登用アセスメントの基準として選んだコンピテンシーをランキングにしたものが図表2だ。

実は2015年までのデータになっている点がミソなのだが、その理由については後述する。正確な数字はお伝えできないのだが、サンプル数は200社ほどとお考えいただきたい。上位3項目、**「達成指向性」「リーダーシップ」「分析的思考力」**は、ほぼすべての会社で選ばれている。選択率は100％にかなり近い数値と言って差し支えない。次には**「対人影響力」「対人理解力」**

といった、他者と相対する場面で使われるコンピテンシーが入ってきている。予想に反して面白いのは、常識的に考えて管理職であれば不可欠と言っていいだろう**「育成力」**が思ったよりも上位ではないこと、あるいは、担当者レベルには必須であろう、チェックを徹底して作業のミスを減らす**「徹底確認力」**が、管理職にも大事と考えられているあたりだろうか。

1位から10位までのランキングにしてはいるが、実際のところ10位の**「セルフコントロール」**でも相当数の会社で選ばれており、いずれのコンピテンシー種別もその選択率は異様に高い。日本企業が自社の管理職に必要と考えるコンピテンシーは、驚くほどに共通している。即ち、優秀と目する人材の姿は、どんな会社でも同じようなものなのだ。

このランキングを基に、日本企業が求めている（過去のデータなので正確には〝求めていた〟）人物イメージを、コンピテンシーではなく平たい言葉で表現してみたい。文章による表現をしやすくするために、ランキングに上がってきているコンピテンシーを一度、幾つかの固まりに類型する。

①仕事の原動力となるもの
②物事を思考するためのもの
③人と相対するためのもの

図表3　採択率上位10項目のジェネリック・コンピテンシー類型化（2005年-2015年）

コンピテンシー分類	コンピテンシー
①仕事の原動力となるもの	達成指向性
	組織志向性
②物事を思考するためのもの	分析的思考力
	徹底確認力
③人と相対するためのもの	対人影響力
	対人理解力
④働く上で気構えとすべきもの	誠実性
	セルフコントロール
⑤組織運営に必要なもの	リーダーシップ
	育成力

④働く上で気構えとすべきもの
⑤組織運営に必要なもの

といった5類型に整理できる。この類型に従うと、日本企業が優秀とする（した）人材は、

①自分が所属する会社のために、与えられた仕事を最後まで全うすることを志し、
②間違いを犯さぬように、またリスクを回避するために、論理を筋道立てて考え、
③周囲の関係者の考えや思惑を慮りながら丁寧に相手に接し、
④生の感情や私心は抑えて、誠実であることを旨とする、

そんな人材であると書き下すことができる。加えて管理職であるならば、

⑤組織運営に必要なコンピテンシーが上

記に乗っかってくる形になろう。

いかがだろう、皆さんの会社で優秀と評されている社員のイメージと合致はするだろうか。日本の社会では、ポジティブな人物評をする際に「バランスの良い人」という表現を往々にして用いるが、先述の人物イメージはバランスの良い人そのものだと思う。コンサルティングの仕事をしていると、大企業の経営陣と呼ばれる方々、社長を代表とする役員の方々にお会いする機会が多い。こうした経営陣は、会社内での出世競争を勝ち抜いてきた人々であり、その会社の上澄みともいうべき最優秀層である。そして、大企業の経営陣にはバランスが取れた人、つまりは先述の①〜④の特徴を持った方が圧倒的に多いと感じる。中にはかなり異端児的な役員の方もいらっしゃったりもするが、やはりそれは稀有なケースであり、大半は成熟したバランスの良い人である。このことからも、これまで日本企業が大事にしてきた人物観が、会社を超えていかに普遍的なものだったかがわかる。

話をいま現在に移していきたい。先ほどのコンピテンシーに関するデータは、2015年までを対象とした過去のものである。直近2年（2017年から2018年）のデータを見ると、だいぶ見えてくる風景が変わってくる。理解しやすいように、直近のランキングで10位までに入っているコンピテンシーを5類型に整理し、先の2005年から2015年までと変化があったところを明記した。

図表4 採択率上位10項目のジェネリック・コンピテンシー類型化（2016年-2018年）

コンピテンシー分類	コンピテンシー
①仕事の原動力となるもの	達成指向性
	顧客志向性
	自信
②物事を思考するためのもの	概念的思考力
	徹底確認力
③人と相対するためのもの	対人影響力
	対人理解力
④働く上で気構えとすべきもの	誠実性
⑤組織運営に必要なもの	リーダーシップ
	育成力

＊新たに上位10位以内にランクインしたコンピテンシーについて網掛

こうすると、日本企業が求める人材像に変化のあった点が一目瞭然だ。

例えば、①仕事の原動力となるものでは**「組織志向性」**が外れて、**「顧客志向性」**と**「自信」**が新たに入ってきている。また②物事を思考するためのものでは、**「分析的思考力」**が外れて、代わりに**「概念的思考力」**が登場する。付け加えると、④働く上で気構えとすべきものに入っていた**「セルフコントロール」**はランク外になる。過去との変化点をデジタルに数えてしまうと、そんなに大きな変化がないように思われるかもしれないが、人物の具体イメージで語ってみると、相当に質的な変容が起こっていると気づかされる。

これまでは、**「会社のために、組織のた**

という思いを原動力として働く人を日本企業は求めていたが、今では**「お客様のために」**という気持ちを芯に持って働く人を求めている。企業は何らかの製品やサービスを顧客に提供し、代価をもらうことで存続できるのだから、何も騒ぎ立てることのほどではないかもしれないが、実際にはこの変化は大きな意味を持っている。日本企業で人材のアセスメントをしていると、自社のお客様が本当は何を求めているのか、要は顧客ニーズを語ることができない方に出くわすことがある。というよりも、課長クラス、部長クラスであっても、自社のお客様が何を欲していて、何を不満に思っているのか把握できていない方がかなりの確率で存在する。

ある金融機関で営業支店長をされている方に、日ごろの職務内容についてお話をお聞きしている時、顧客の話が全く出てこずに驚いたことがある。営業社員のモチベーション向上、業績管理の徹底、本社への報告等々、社内向けの話ばかりで外にいる1人ひとりの顧客、また顧客の集合体である市場についての話はほぼ皆無だった。営業支店長といえば、会社の中で顧客接点を一手に担う組織の長である。その営業支店長から〝お客様〟に関する話題が全く出てこないというのは、普通の感性からすると衝撃的なことだ。しかも、たった1人だけというわけではなく、複数の支店長が同じような有り様だった。

営業支店長の頭の中に、お客様不在の状態を生み出してしまう原因があるといえばある。

この金融機関には営業企画部なる部署があって、金融商品の企画やマーケティング施策の立案を一元的に行ってきた。いわば、顧客接点の大本営が営業企画部なのである。営業支店はその手足として、大本営が立案した企画や施策を徹底的に展開することが役割だった。つまり、営業支店長には、顧客よりも本社の営業企画部からのお達しに意識が向くような力学が働いている。箸の上げ下げまでとはいわないが、相当に細かい事まで営業企画部から指示が下りてくるから、お客様のことを考えている暇がない、と表現するのが正解かもしれない。

こうした本社の企画部と営業現場という構図は、何もこの金融機関だけでなく、多くの日本企業で見られる。ある種、顧客から遊離してしまった営業現場に、高い**「顧客志向性」**を求めるのは無理な話だろう。ここまで極端ではなくても、強い商品やサービスを持っている会社、確固たる商流を作り上げている会社では、往々にして社員の心に顧客が不在な状況が生まれやすい。幸か不幸か、真摯にお客様の声に耳を傾けなくても、当面の間、会社は存続できるのだ。一旦、頭の中からお客様の姿が消えてしまうと、顧客起点でものごとを考えるのは社員にとって極めて難しい所作となる。会社が幾らそれを求めても、人間、慣れ親しんだ発想法を180度転換するのはそんなに生易しいことではない。

日本の会社では、上位者に対して反対意見を述べること、今風にいえば上司にチャレンジすることは禁忌とされてきた。上位者の前で一言も発せずにただ頷くだけの部下、何かあると「部長が申しますには」と上位者の話ばかりをする部下。未だに、こんな前近代的な光景に出くわすことがある。正に唯々諾々《いいだくだく》の体だ。上位者の指示に従うことは、何も組織として誤ったことではないが、自分の意見すら持たぬ社員、あるいは自分の考えがあっても声に出すことができない社員に、ますます不透明感が増している会社の将来を託すことができるだろうか？

本論から逸れてしまうため本書では深く触れることはしないが、日本企業には社員の〝格〟を軸とした秩序体系が明確に存在していて、そのシステムが有効に機能していた時期がある。どんな時でも上位者は偉い、というその秩序体系は既に時代遅れになっているが、その名残りが古い呪縛として社員の行動に制約をかけ、飼い慣らしてしまっている（このあたりの話は拙著『エンゲージメント経営』をお読みいただきたい）。しかし原因はどうであれ、自らの考えや信念を持って、仮に周囲からの理解と賛同を得られなくても、逞《たくま》しく未来を切り開いていく社員が今の日本企業には少ないことは、間違いなく嘆かわしいことだと思う。

「自信」というコンピテンシーは、例えリスクがあるにせよ果敢に難題へチャレンジし、時には上位者とぶつかってでも自分の信念を突き通す、こんな行動を指す。日本の会社に未だ多く存在している、上位者の意見を何より尊重して付き従う社員とは正反対とまではいかないが、**「自信」**を持っている社員はかなり希少であろう。日本企業は毛並みの良い追従型の人材ではなく、多少は乱暴でも自らの思いに駆動される正面突破型の人材を欲しているのだ。

少し前までは重視されていた**「セルフコントロール」**がランク外となったのも、この文脈から考えることができる。**「セルフコントロール」**とは、どんな状況であっても自分の感情を抑えて、冷静でいようとする行動能力のことを指す。精神的なストレスがかかったとしても、感情的にならずに平静に振る舞える人、そんな人はこのコンピテンシーが高い。ただ、**「セルフコントロール」**には常に沈着冷静でいられるという正の側面だけでなく、自らの感情を抑圧して押し殺してしまうという負の側面も持ち合わせている。かつてのように、会社の命に黙って従う社員を欲するのであれば話は別だが、自分の考えを主張し、信念を曲げずに困難へ立ち向かっていく強い社員を欲するのであれば、過度な感情の抑制はかえって邪魔になる、そういうことだろう。

もう一つの大きな変化、**「分析的思考力」**から**「概念的思考力」**への転換について少し考えてみたい。人間の推論思考の様式には演繹法と帰納法の2種類がある。**「分析的思考力」**は前者の演繹法、**「概念的思考力」**は後者の帰納法とほぼ同じ意味と捉えて欲しい。もっと説明的にいうと、原因と結果の因果をつないで思考するのが**「分析的思考力」**で、複数の事実や情報を並べ、そこからの共通項を抽出する思考が**「概念的思考力」**である。俗に前者は論理的思考やロジカルシンキングと呼ばれ、後者は抽象化思考やパターン認識と呼ばれる。

分析とは即ち、分解を意味する。一昔前に、コンサルティング会社の思考技術として巷で流行ったロジックツリー（あるいはイシューツリー）を思い出していただきたい。ロジックツリーでは、結果を起点に置いてその原因をどんどんと分解していく。この思考技術を用いる目的は、ざっくり言うと抜け漏れなく、重複なく、ある結果の原因を考察することにある。要するに、思考の網羅性を確実にしようとするためのツールだ。**「分析的思考力」**の肝になってくるのが、原因を考察する上での網羅性なのである。少し前までの日本企業において、この**「分析的思考力」**が重要視されてきた理由がそこにある。

仕事において、思考の抜けや漏れはミスを誘発する。あるいは先々を見通すにあたっては、網羅的でない思考はリスクを見逃すことに通じる。間違いを引き起こすこと、リスクを予見できないことは、日本企業では絶対に犯してはならない最も重い罪であった。よって、社員には何事も網羅的に考え、できるだけ微細な点にまで気を配るといった思考様式が要求された。それで、高い**「分析的思考力」**を持った社員が求められてきたわけだ。尚、この**「分析的思考力」**の高低と学歴との間には、一定の相関が認められる。そして、この相関性には二つの原因が考えられる。

学歴が高ければ、生まれ持っての地の頭、ＩＱが良い可能性が高い、それが一つ。もう一つの原因は、高い学歴の人ほど、頑張って勉強をしてきた可能性が高いということだ。中には、ほとんど勉強をしなくても難関大学にあっさり合格する天才的な人も稀にいるが、圧倒的に多くの人は歯を食いしばって勉強して、入学試験を突破する。勉強しなければいけない科目には数学、国語、化学、日本史など諸々あるが、中でも数学や現代文のように、論理を紡ぐことが要求される科目に取り組むことで、分析的な思考力を鍛えることができる。分析的思考というものは、割にかっちりした型を持った思考の様式であるため、教えることも、学ぶこともできるというわけである。仕事においてロジックが重用されるコンサルティング会社やメーカーなどの研究職では、とりわけ学歴の高い学生を採用する。そして入社後、新人に分析力を高めるためのトレーニングを徹底的に積ませようとするのは、以上の二つの理由による。どんな仕事でも、**「分析的思考力」**があるに越したことはないのは事実だが、残念なことに分解からは新しいアイデアは決して生まれてこない。そこで**「概念的思考力」**の出番となる。

イノベーションが日本の企業で求められるようになって久しい。今までにない斬新なビジネスアイデアを生み出したい、会社のこれからを支える新規事業を創造したいという会社の切なる願いが、イノベーションへの興味関心を一層強いものにしている。言うに及ばず、イノベーションと新規性は分かちがたく結びついているため、創造的な思考力を持った人材が必要だ、という話になる。しかし、この創造的な思考というのが極めて難物だ。これまでに誰も思いつかなかったような、誰も着想し得なかった斬新で独創的なアイデアを捻り出すなど、誰しもが簡単にできることではない。天賦の才に恵まれた、一部の人だけに許された特権のようにも思える。確かに、これまでの研究から、創造的な思考は先述の分析的思考のように定型化できるものではなく、鍛えにくいこともわかっている。

創造性はパターン認識によって生み出される。あるいは、具象を抽象のメタレベルに引き上げる抽象化の思考によって創造がなされる、と言うこともできる。どちらにしても、いろいろな事象を並べて見た時に、その事象群から何らかの共通性なり意味合いを引き出す思考能力、**「概念的思考力」**が知的創造を支えている。簡単に言ってしまえば、**「概念的思考力」**が高い人というのは、他者と同じ情報を得たとしても、そこから誰にも思いつかないような洞察を得ることができるのだ。今の日本企業は、こんな思考能力を持った人材を求めている。

しかし、先述のように**「概念的思考力」**は先天性が高いもので、この思考能力を後天的に開発する有効な手立ては今のところ見つかっていない。そこが問題である。もしも後天的な開発が難しいのであれば、この概念化の思考力を元々高いレベルで持っている人材を採用すれば良い。そう考えて採用の基準と、選考方法を変えようとしている日本の企業もある。採用の面接や試験を通じて、人の創造性を判断しようというのだから、なかなかのチャレンジだ。イノベーティブなこの試みが上手くいくことを期待したい。

1-4 新しい世代の旗手として

こう見てくると、日本企業が求める人材像に、数だけでは推し量れない大きな変化が生じていることがわかる。自分の会社のためではなくお客様のことをすべての起点に置いて、自分なりの強い理想や信念を持つ。緻密で網羅的な分析思考力よりも、新たな価値を生み出す創造的な思考力を有する。いま、日本の企業が求めている人材をコンピテンシーという切り口から紐解いていくと、こんな人物像が浮かび上がってくる。

ここで、もう少し具体論に踏み込んでみたい。コーン・フェリーでは、組織・人事にまつわるコンサルティング業だけではなく、ハイクラスの人材サーチ業も行っている。業界用語でいうと、エグゼクティブ・サーチと呼ばれる業態である。ハイクラスとは何かと問われると、明快な定義づけをするのが容易ではないのだが、身も蓋もない言い方をすれば年収が高い人たちだ。会社が高い年収を払ってまでも、何としても採用したいと考える市場価値の高い人たちを紹介するのが仕事である。このハイクラスを対象とする人材サーチ業の変遷を辿ることで、日本の企業が確保したいと願っている人材の変化を、具体論として把握することができる。

しばらく前までは、コーン・フェリーは企業経営者、それに準ずる事業経営の責任者を中心として紹介業を行ってきた。ところが、ここ数年で日本企業から紹介を依頼される人材が明らかに変化してきている。先ず、少し前であればCxOと呼ばれる人たち（Chief XX Officerの略称。XXの中には機能名が入る）、経営企画、人事、法務に代表される本社機能の長を見つけて欲しい、そういう依頼が増えた。この背景には、グローバルな組織運営を確実なものとするために、本社機能を強化しようとする日本企業の試みがある。グローバルに本社の横串を通そうというのだ。

例えば、国を超えた人材の最適配置を推し進めようとすると、本社側に強固な人事機能が必要になる。もしくは、全世界に散らばる拠点に財務的なコントロールをかけていこうとすれば、これまた本社に強い財務・会計の機能を設けることになるだろう。そして、それらの機能の長は、それぞれの機能専門性を有するだけでなく、日本のみならず海外にも目配せして、時には海外の現地社員との丁々発止を厭わない力量を兼ね備えている必要がある。そもそもCxOなる言葉が外来語であることからもわかるように、グローバル化が進んでいる欧米企業には、CxOとしての力量を持つ人材が存在しているが、日本にはまだまだ少ないのが実態である。考えてもみて欲しいのだが、単なる人事や会計の専門家では駄目で、英語が話せるなんてことは言うに及ばず、国という狭量な枠組みを超えて機能を運営できる人材など、この日本にどれだけいようか。日本の企業が血眼になって、ＣＨＲＯやＣＦＯなどを探している理由がそこにある。

現在でも引き続きＣｘＯ人材に対する日本企業の需要は未だ衰えてはいないが、加えて会社の本丸である経営トップを任せられる人材、新規事業を生み出せる人材、デジタル絡みの人材に対する需要が相当に高まっている。その勢いは、一過性のブームといって簡単に片付けられるものではないくらいだ。経営人材の紹介というのは、コーン・フェリーのような、エグゼクティブ・サーチの会社にとって何も目新しい仕事ではない。しかし、かつてと様相が大きく異なるのは、一昔前は外資系企業の日本法人の経営者探しが主な仕事であったのが、現在は日本企業からも次代の経営者探しを依頼される点である。日本の企業を長年見てきた人にとっては、かなりの驚きがあるのではないかと思う。

長年の間、生え抜き、純血に拘ってきた日本の企業が、会社という共同体の長に外から人材を迎えようとするのは、並大抵の判断や覚悟がなせる業ではない。外から人材を持ってきて、いきなり経営トップたる社長に据える会社はさすがにそれほど多くないかもしれないが、次のトップ、または次の次という近い将来に頂点へ立ってもらうことを陰に陽に含んで、自社には存在しないような経営人材を招き入れる日本企業が後を絶たない。確保するためにはなりふり構っていられないと言わんばかりに、日本企業がその登場を待ち望んでいる経営人材の姿を、第2章でじっくり論じていきたい。

新規事業創造というテーマに、日本の企業は踊らされている感がある。時には事業開拓という姿で、ある時はマーケティングという文脈で、またある時には研究開発の姿を借りて、新しいビジネスの創造は会社の重大事項として取り上げられる。どんな姿を借りようが、どんな文脈であろうが、自社にとって新しい事業分野に進出していかなければ、この先、既存の事業分野だけでは生き残っていくことができない、といった強い危機意識が根底にある。多くの会社にとってそうした危機意識を持つのは正しく健全なことではあるが、踊らされているといったのは、新しい事業を創り出そうと焦りに駆られて、七転八倒しているように見えるからだ。

新しい事業を創るというのは、言うまでもなくとても難しい行為だ。飛び地を狙うにしても、既存の事業分野の周辺に染み出すにしても、通常の事業運営とは全く異なる発想と活動が求められる。アンゾフの事業創造マトリクスで成長の方向性を綺麗に整理したところで、新たな収益源となる事業が生まれてくるわけではない。事業創造に関する理論や書籍が世に出回っているが、こうやれば必ず成功するといった打ち出の小槌など当然ながらありはしない。むしろ、会社の中で実際に新しい事業を生み出した成功者を見てみると、支えとなっていたのは小奇麗な理論や枠組みではなく、時には狂信的とも感じられる信念や思い込みであるように感じる。コンサルティングの仕事の中で、過去に新規事業を創り出した方にお会いする機会がある。そうした方を目の前にして思うのは、尽きない情熱を持った何とも人間臭い人だな、ということだ。

もしかすると、新しい事業は十二分に練り込まれた計画から生まれてくるものではないのかもしれない。「あらゆる可能性を調べたのか？」「数字でどれ位の市場規模が見込まれるのか？」」。日本の企業で、新規事業について議論する場で経営陣から入る突っ込みの代表例である。往々にして既存の事業と同等の、いやそれ以上の情報の網羅性や正確性が新規事業の計画に求められてしまうのが日本企業である。成功するか失敗するかわからない大博打だからこそ、慎重に慎重を期したいという経営陣の気持ちはわからないでもないが、勝算が見えている新規事業などあまり旨味はないだろう。

どうやら、新規事業について一通りの議論をし尽くした会社は、最後に人材論に行きつくようだ。「結局のところ、自社には事業創造家が不足している」と、そういう結論になる。だいぶ論理の飛躍があるように感じなくもないが、確かに一理あると思わざるを得ないところもある。以前、ある消費財メーカーで、新しいヒット製品を生み続ける組織を検討するプロジェクトを行ったことがある。そのプロジェクトから得られた示唆を要約すると、大ヒットする製品を生み出す秘訣は**「信頼するに足る事業家を探し出して、その人に基本はすべてを任せる」「上の人間が周囲の批判や雑事から事業家を守り、自由にやらせる」**の二つに尽きる。至極シンプルな成功法則だが、先ずもって会社が信頼するに足る事業家を見つけ出すのが至難の業だ。社内にその資質を持った人材がいなければ、目を外に向けなければならない。幸いにして素晴らしい人材が見つかったとしても、管理志向が強い会社で特定個人に大きな裁量を委ね、経営陣は細かい事には目をつぶって芽が出るのを待ち続けるというのも、そうそうできることではないだろう。七転八倒とは真逆の、どんと鷹揚に構える気持ちの余裕と気構えが経営陣になければ、新規事業を成功には導けない。

このように新規事業創造は、人材論との親和性がとても高いテーマである。ここ数年、日本企業はベンチャーの立ち上げ経験がある人材、小さくても何かしら新しいビジネスを軌道に乗せた経験がある人材を、外から招聘するケースが増えてきている。何分にも博打めいた話ではあるので、大層な経歴を持っていても、とんだ食わせ物だったという人も中にはいなくはないが、多くの場合はなかなか得難い有能な人たちだ。しかし、事業創造家としての資質を十分に持っている人材を採用したとしても、必ずしも成功するとは限らない。先に述べたように、日本の大企業で特に見られる、管理志向が末端まで行き渡った組織が、放っておくと彼らを押しつぶしてしまうからだ。事業創造家とはどんな人たちなのか、そして彼らの力を最大限に引き出すにはどんな組織であるべきなのか、第3章はこの二つに的を絞って展開する。

その時々で企業が熱い視線を送る、時代の寵児ともいうべき経営コンセプトが存在している。かつてであればＥＲＰやＳＣＭといった情報システム絡みの業務改善に関わるコンセプト、最近であればアジャイルやアダプティブなどの、変化が激しい環境に適応するための戦略論が一世を風靡した。そして、今はまさにデジタル・トランスフォーメーションというコンセプトが、世に遅れまいとする日本の企業で注目の的になっている。いろいろな場面で目や耳にするコンセプトではあるが、デジタル・トランスフォーメーションが意味するところを、きちんと自分の言葉で説明できる人がどれだけいるか極めて疑わしい。

一つの参考までに、経済産業省も公的資料の中で参照をしている、世界的なＩＴ専門の調査会社であるＩＤＣ（International Data Corporation）による、デジタル・トランスフォーメーションの定義に触れる。

「企業が外部エコシステム（顧客、市場）の破壊的な変化に対応しつつ、内部エコシステム（組織、文化、従業員）の変革を牽引しながら、第3のプラットフォームを利用して、新しい製品やサービス、新しいビジネス モデルを通して、ネットとリアルの両面での顧客エクスペリエンスの変革を図ることで価値を創出し、競争上の優位性を確立すること」

多少、難解な文章ではあるが、デジタル・トランスフォーメーション（長いので世間に倣って以下ＤＸと略する）の定義を云々するのが本書のねらいではないので、**「企業がデジタル技術を駆使してビジネスモデルを変革し、競争優位性を確立すること」**とざっくり理解しておけば問題ないと思う。というよりも、ＤＸのコンセプト自体が多義的なもののため、これ以上は定義を超えた解釈の世界になってくる、と言った方が正しいだろう。このコンセプトの多義性が、多くの日本企業に熱狂と混乱の両方を引き起こしている。

「自社に適したＤＸ人材を探して欲しい」

日本の企業から受ける人材サーチの依頼は、たったこの一言に尽きる。本来、企業がハイクラスの人材サーチを依頼する場合には、こんな形で話がやってくる。

「〇〇事業本部長のポストで人材を探している。このポストは〇〇事業の中長期戦略を描いて、主に日本と北米で事業を運営していくことが主な役割になる。〇〇事業では北米でのシェア拡大のために、昨年、当地の企業を買収してその統合過程にある。また、主力製品である〇〇では、顧客の業務プロセスに精通していることが必須である。従って、日本だけでなく北米での事業運営経験があって、メインの顧客層である流通業にも精通している人を探して欲しい。M&A後の組織統合の経験も有していると、より望ましい」

普通に考えれば、高額な年収を支払うことになるのだから、自分たちがどんな人材が欲しいのか具体的なイメージを持っていて然るべきである。ところが、ことDXに関わる人材となると、先に書いたような有り様だ。とにかく自社内でDXを実現してくれる人材が欲しい、その切なる願いは良くわかる。しかし、「自社に適したDX人材を探して欲しい」では、どんな経験や能力を持った人材を探して欲しいのか皆目見当がつかない。それよりもっと根源的な問題として、採用した後にどんな仕事を担って欲しいのか、まるでイメージが湧いてこない。

第4章は、DX人材を巡る混沌とした日本企業の実情をお伝えすることから始めたい。現在のところまだ稀有な例ではあるが、人材の議論を通じて自社流のDXのあり方を模索し、おぼろげながら一つの解を見出しつつある企業もある。そうした一歩先に進んでいる企業では、どんな姿のDX人材を採用し、彼らに何を期待しているのだろうか。興味が尽きないこれらの話題に、具体例を交えて迫っていきたい。

次代の経営者、事業創造家、DX人材、これらは皆、新世代の人材を代表する旗手である。

もしも、これからの時代で高い価値を持った人材に自分もなりたいと願うのであれば、彼らの姿を眺め見ることで、多くの学びが得られるはずだ。新しい世代の旗手たちは、この日本で確かに躍動し始めている。

第2章

先の見えない将来を切り開く、次代の経営者

2-1 現役の経営者が、次代の経営者に望むこと

大企業の現役経営者が、次の経営者に望んでいることを、本音でお聞きするというのは得がたい機会である。経営者たる社長が社員に向けて、将来どんな風に育っていって欲しいのかを全社集会で、あるいは社内報などを通じて語る場面は目にすることがあるが、公の場で、かつ不特定多数に向けたメッセージになるため、さすがにすべてを本音でというわけにはいかない。次の経営者に期待することというのは、美辞麗句だけでは片付けられない、もっと切実な内容なのだ。

ここのところコーン・フェリーでは、日本の大企業に対して経営者のサクセッションプラン、日本語でいうと後継者計画にまつわるコンサルティング活動を行うことが増えてきた。長いことコンサルタントとして組織・人事の世界に身を置いているが、日本の大企業が経営者のサクセッションプランに真剣になって取り組もうと腰を上げたのは、間違いなく大きな前進であると感じる。サクセッションプラン自体についても語るべきことは多くあるのだが、長くなってしまうので次の機会に譲りたい。経営者のサクセッションプランの取り組みは、

次代の経営者に求める能力や資質を明らかにするところからスタートする。

元来、経営者の後継者計画はコーポレート・ガバナンスの一環として位置付けられるものである。企業が中長期にわたって株主に対する価値を提供できるように、しっかりと経営を任せられる人材を育てて選んでいこう、そうした思想に基づく活動だ。そのため、企業統治のメッカである米国では、次の経営者に何を求めるかについての議論は執行側が行うのではなく、監督側が主導することになる。日本ならば取締役（その多くを社外取締役が占めているという前提で）が、次の経営者の要件を侃侃諤諤《かんかんがくがく》に議論して決めるという構図だ。これがコーポレート・ガバナンスの原理原則に則った厳格なやり方なのだが、日本はまだまだ企業統治の黎明期にあるので、執行側、もっと言えば執行の長たる社長が出張っていって、自らの後継者について語らなければ事が進まない。この現役経営者の言葉に耳を傾けると、日本の大企業が次に迎えるべき経営者の姿が手に取るように見えてくる。

広い見識を持って、自分なりの見解をつくる

「自分たちの業界だけしか知らない、というのではこれからの経営者としては失格です。お隣の業界だけではなく、もっと自分たちとはかけ離れた業界についても興味を持って探求しなければならない。もしかすると、冷静に見れば自分たちの業界にはおかしなこと、不合

理なことがあるかもしれない。そういう目線を持ち続けるべきです」

日本で三指に入る、ある大手金融機関の社長に次の経営者に求める資質をお伺いしたところ、いの一番にこんなことを仰っていた。この社長は業界でも異例とも言われた改革を打ち出し、同社の業績を成長軌道に乗せた方である。

「私はできるだけ、社外の方とお会いする時間を持つように心がけてきました。業界の中だけで人脈を閉じてしまうのではなくて、会合などで知り合った他業界の方々、コンサルティング会社やアナリストといった専門家の方にも積極的にお会いして、できるだけ幅の広いお話をお聞きするようにしています。そこから得た視点や気づきが、新しい発想につながったりするものです。これからの時代は、もっともっと業界の垣根が低くなってくるはずです。次の経営者には、自分以上に広い見識が必要になるのは間違いありません」

周知のとおり、金融業界は古典的な規制産業だ。国の規制によって守られた業界ともいえるし、細かな法令や基準によってがんじがらめの業界ともいえる。いずれにしても、革新的な経営努力をしなくても、従来通りの事業を展開していればこれまでは生き残ることができた。ところがご多分に漏れず、この業界に対する規制は緩和の方向性で動いており、国内外に競合相手が勃興してきたこともあって、同社も企業としての本来的な競争力を付けていかなければならない状況に置かれている。平たくいえば、頑なに守ってきた自分たちのビジネスモデルに、疑いの目を向けることが必要になっているのである。こうした同社の属する業界の特殊性が、次の経営者に広い見識を求める要因なのかというと、そうとばかりは言い切れない。

「他社の事業と、自社の事業とを掛け合わせると、誰も真似できないビジネスができるかもしれない。直接的にはうちの事業に関係しないと思われる新しいテクノロジーでも、持ち込んでみると面白いことができるかもしれない。無駄になってしまうことも多いでしょうが、こうしたある意味での思考実験が次の成長を生み出すことにつながるはずです。自社には理路整然とした戦略や計画を組み立てられる社員なら大勢います。しかし、半ば遊びを入れながら、いろいろな成長の可能性を楽しんで夢想できる社員となると本当に少ない。その理由はわからなくもないんです。いろんな可能性を探ろうとすれば、それ相応の情報量と知識が必要になります。日々、足元の仕事で忙しい中で、今の職務には直結しない知見を増やすにはプラスアルファの努力が必要です。学んだことが、直ぐに役に立つわけではないですからね。ただ、そうであっても、次の経営者はそんな努力をものともしない知的好奇心と、高いアンテナを持った人でなくてはなりません」

これは、ある製品で国内において圧倒的なシェアを持っている消費財メーカーの社長の弁である。この消費財メーカーは、先達の努力によって他社の追随を許さない強力な製品を有していたが、日本国内の消費者を主なターゲットにしていたため、成熟してしまった国内市場だけではこの先の成長が望めなくなっている。そのため、中国を中心とした海外市場への積極展開と、新たな事業への進出が焦眉《しょうび》の課題になっていた。主力製品が寡占にも近いポジションを築けているため、企業としては現状維持という選択肢もないわけではないが、それでは株主が黙ってはいない。現職の社長もそのことを良く理解していて、次の成長軌道を描くことができる後継候補選びに着手したのである。

「一番役に立つのは生の情報です。やはり、自分の耳で直接聞いた話から、最も有益なアイデアをもらうことができます。今はインターネットで簡単に情報を入手することができます。自社の若い社員を見ていると、何でもかんでもインターネットで調べれば答えがわかると思っているようです。それで足りなければ、本を読めば良いという風潮があるように感じます。もちろん、そうしたオープンになっている情報も大事ではありますが、所詮は二次情報です。情報の鮮度ががくんと落ちていきます。私の経験からいえるのは、本当に役に立ったのは関係者から直接聞いた一次情報だということです。この間も、ある医療機器メーカーの社長と話をしていて、新しい事業の可能性を思いつきました。多くの一次情報を得るためには、人脈づくりが欠かせません。何か必要に駆られてつくった目的ありきの人脈よりも、昔につくっておいた何気ない人脈の方が今は活きていると思います。次の社長になる人は、普段から社交の場に出ることを心掛け、多くの人と接するべきです」

人脈の大事さについては、先の金融機関の社長も触れていた。一つの枠内に止まらない、幅広い人脈構築、そしてその人脈から得られる生の情報の有用性を、奇しくも業界も業種も全く異なる会社のトップが指摘している。この事実の裏を返せば、社長一個人だけで、もしくは一つの会社だけで培ってきた見識だけでは、これからの時代では太刀打ちできないということだろう。不確実性が高い将来の可能性に思いを馳せる上で、多種多様な人脈を通じて見識を広めることが、次代の経営者にはどうやら必須条件のようだ。

経営チームを構築する

強い〝個〟が経営するのか、それとも経営陣が〝集団〟で経営するのか。日本の企業で経営者の後継計画について検討する時に、必ずといって良いほど議論になることだ。世界的な注目を浴びるグローバル企業では、とりわけその経営トップであるCEO個人にスポットライトが当たることが多い。かつてはジャック・ウェルチやルイス・ガースナーが古い体質の大企業を蘇らせた名経営者と称賛を浴び、少し前ではビル・ゲイツやスティーブ・ジョブズが時代の寵児として衆目を集め、最近ではジェフ・ベゾスやラリー・ペイジなどが新時代の経営者のように崇められている。米国の場合、どうしてもお雇い経営者よりも創業経営者が目立つ傾向があるのだが、個性的で強いCEOがもてはやされる風潮がある。もちろん、日本にだって名経営者として謳われている人々がいる。古くは本田宗一郎や松下幸之助、今日では孫正義や柳井正のように、日本人なら誰でも知っている強い経営者がいる。

さはさりながら、多くの日本企業にとって、経営はカリスマ的な一個人が主導するものではなく、集団で執り行っていくものという一般理解がある。日本企業の強さの中に、合意形成による実行力の強さというものが通説にある。時間をかけて合意形成を行って、皆の納得度と当事者意識を高めることで、実行の確実性と俊敏性も高まるというわけだ。仮にその決定に腹の底から納得していなくても、形式的であっても自分が同意したのであれば、後はやらざるを得ない。一糸乱れぬ計画の実行こそが、自分たちの強さだという自負があるからだろうか、日本企業では経営者の独断や独裁は悪とされ、忌み嫌われるものであったように思う。しかし、大企業の現役経営者の声を聴いていると、今日において彼らが求める集団的経営とは、合意形成を目的としたかつての集団経営（敢えて集団的とはしない）とは大きく異なっているようだ。

ある総合化学メーカーの社長は、このように指摘している。

「経営トップといえども、会社のすべてを熟知するのは無理です。自社の全事業、全機能に精通しているのが理想ではありますが、現実的にそれは不可能。やはり自分が会社の中で歩んできた道によって、得意分野と不得意分野とがあります。例えば、私は技術畑の人間ですので、営業やマーケティングの分野に関しては得意分野とはいえません。もちろん、経営者として判断を下すために必要な最低限の知識は持っているつもりですが、その分野で何か新しいアイデアを生み出せるかというと、それは難しい」

「自分がすべてを知っていなければいけない、と考えるのは不遜です。経営トップは全知全能であるべきという思い込みは、かえって経営判断を誤らせる。せっかく、役員という経営陣がいるわけですから、彼らの知識や知恵を上手く引き出して活用する術を学んでおくべきです。会社の中でも、その道にはその道の専門家がいるわけで、どこまで行っても餅は餅屋なのです。ただ、自分がマーケティングの分野が強くないからといって、担当役員の話を鵜呑みにする、というのとは違います。彼らに適切な問いを投げかけて有用な意見を引き出し、最終的には自分で決めなければならない。経営者には、自らの意志決定に向けて衆知を最大限に引き出す力が大事なんです」

会社の頂点に位置する経営者であっても、無知の知ともいうべきか、自分が十分に知らないことがあるのを認め、それを他者の知恵で補足する術が要るということだろう。周囲の経営陣を知的参謀のように活かす、それも経営者に求められる資質だ。

また、先の大手金融機関の社長は、別の角度から集団的経営の重要性を語っている。

「経営陣の組み合わせには、相当に気を使っています。人には強いところと弱いところ、特徴というものがあって、それは社長であっても同じことです。経営者たるものはできるだけ弱みを改善し、能力をレーダーチャート化すると、でこぼこのない円状にすべきという主張も正論としてはわかります。ただ、強みと弱みは背中合わせという一面もありますし、ある経営局面では強みであったことが、別の局面では一転して弱みに変わる、そんなこともあります。そのため、自分の長所と短所を常に見極める冷静な目が必要です。実は、それはかなり難しいことなのですが…」

「自らの強みと弱み、経営者としての己の特徴を見極めたら、弱いところ、補完すべきところを、経営陣として埋めていく道を考えねばなりません。要は個人として完璧であろうとするのではなく、経営チームとして万全を目指すのです。私の良さはアグレッシブな判断、躊躇せずにアクセルを踏める推進力だと思っています。その反面、時に慎重さに欠けるきらいがあって、周囲が肝を冷やすこともあるそうです。自分でもある程度の自覚はありますが、かといって慎重居士であろうとすると、自分の特徴を消してしまう恐れがあると思います。ですので、私がスピードを上げ過ぎている時に、冷静にブレーキを掛けてくれる役員が傍にいてくれることが大事なんです。私はリスク管理、コンプライアンスといった視点から、客観的で冷静な提言ができる人物を複数人、必ず役員として経営チームに入れるようにしています。危険すぎるリスクを冒すことなく、かといって保守的過ぎることもないような、絶妙なバランスで経営できるチームの陣立てを考えるのです」

会社をチームで経営する。経営トップチームという考え方は、経営学の世界で10年ほど前から提唱されてきたものである。リーダーであるCEOを中心にして経営チームを組成し、そのチームのパフォーマンスを最大化する重要性を説いたコンセプトだ。経営チームという枠組みはまだ日本企業に馴染みの薄いものかもしれない。ある会社にとっては役員会、またある会社にとっては経営会議のメンバーと読み替えていただければと思う。会社の最高意思決定を行う会議体に参加する面々を、経営チームのメンバーと見れば、その人選や参加者間での議論の質、ひいては意思決定の下し方などが、会社の命運を大きく左右することがわかるだろう。大手金融機関の社長は、明らかに経営チームの考え方を取り入れているのだ。

また別の角度から、経営チームの構築に心血を注いでいる経営者もいる。業界をリードする大手医療機器メーカーの社長は、ダイバーシティを経営に取り込もうと、多様性を持たせた経営チームづくりにチャレンジしている。

「当社は海外拠点の設立や買収を通じて、積極的に海外展開を推し進めています。現在では、海外の売上比率が過半を占めるほどになっており、今後も海外での事業展開を加速していく考えです。医療業界というのは、国によって法制も異なれば、商慣習や商流なども国によってさまざまです。国による違いを正しく理解して経営しなければ、海外でのビジネスを成功させることができません。当然のことながら、経営にも多様性が求められてきます。当社は元々日本の会社ですから、長い間、役員は日本人が占めてきました。ある意味で、同質の人間が集まって経営してきたわけです。いわゆる阿吽の呼吸というもので、経営会議での議論や役員間のコミュニケーションで苦慮するなんてことはありませんでした。しかし、海外の事情を体験的に知らない人間が集まって幾ら議論していても、グローバルに飛躍することはできません」

「ここ数年で外国人を積極的に役員に選任し、経営会議メンバーにしました。彼らは元々、海外拠点や事業のトップという重要な立場にはいましたが、役員に登用して日本本社の経営会議メンバーとするのは、当社にとって画期的なことでした。経営会議での議論は英語になりますし、日本人と外国人との間に情報格差もあります。何より前提としている経営観が一律ではなくなるので、コミュニケーションの効率が著しく落ちてしまいます。最初のうちは、参加者が皆フラストレーションを溜めているのが手に取るようにわかりました。ただ、一時的に効率が低下するにしても、多様な経営チームを作る努力を止めるわけにはいきません。私にも、次の社長にも、国や価値観の違いを乗り越えて、一枚岩の経営チームを作り上げる力が求められています」

ダイバーシティというのは美しい理想だが、その実践には極めて困難がつきまとう。日本企業でダイバーシティに本気で取り組もうとすると、その理想とは裏腹に仕事の生産性が低下するという研究報告もなされている。実際、経営会議で難儀をしている様子が、大手医療機器メーカーの社長の言葉からもうかがえる。ただし、幾らハードルが高かろうが、それを乗り越えて真にグローバルな経営チームを構築するという強固な意志も、同時に感じ取ることができる。国籍や人種、またはジェンダーといった多様性を経営に取り込んでいく力が経営者に求められているのは、この医療機器メーカーに限った話ではないはずだ。

自らに不足しているものをチームとして補う、チームとして最適な経営バランスを実現する、はたまたチームを通じて経営に多様性を取り込む、そのいずれにしても、経営者が明確な考えと意向を持って自分の経営チームを構築しなければならない。それは、合意形成に重きを置いた過去の〝集団経営〟とは違う、自らの意志で〝集団的経営〟を行っていくという、経営者の新たな資質なのだ。

経営者としての覚悟を持つ

「やっぱり、経営者になる覚悟が一番大事」

日本企業において、指名委員会などで次の経営者に求める資質について議論している時に、必ずと言っていいほど上がってくる意見だ。多くの社員を抱える一企業のトップを引き受けるのだという、容易ならざる心構えができている人が次の社長には望ましい、本当にその通りだと思うし全く異論はないのだが、後継者選びの基準としてはあまりに粗く乱暴である。この覚悟というものを、もう少し丁寧に因数分解してみる必要がある。現役経営者が考える、次の経営者に求めたい覚悟について見てみよう。

「社長というのは、一定の任期があります。それは3年かもしれないし、6年、10年かもしれない。会社によっては、任期の年数が定まっているケースもありますが、当社では明確に決まっている期間はありません。ただ、同じ人間が長い年月にわたって正しい判断を下し続けられるとは思えないので、自分の中で社長を務める期間はイメージしながらやっていきます。もちろん、社長交代の時期は状況に応じて見定めていかねばなりませんが、どんなに長くて6年というのが一つの目安でしょう。ただ、だからといって自分の在任期間だけを考えて経営するような人間は、社長失格です」

「自分が退任した後のことまで考えて、そこまで視野に入れて経営者が一つ一つの判断を行っていかなければ、会社は長期にわたって存続することはできない。今でもそうですが、この先はもっと情勢が読みにくい世の中になっていきます。だからこそ不確定要素がどんなに多くても、自分の在任期間のみならず、その後の将来まで自分なりの仮説を持った上で、日々の経営にあたることが大事になる。将来を想像するというのは、決して生半可なことではありません。自分が蓄積してきたものを総動員して考え抜き、それでも正しい見通しが立てられるとは限らない。それでも諦めず将来に立ち向かうんだという強い意志を、私は次の経営者に求めます」

先の見えない将来に対峙する覚悟を説いているのは、先述とは別の大手金融機関の社長だ。サステナビリティという概念があるが、長期的な企業の繁栄を標榜する意味において、それに相通ずる思想をこの社長は語っているのである。その思想の裏には、短期的な業績にのみ集中し、今ここで起こっている経営課題の対処に奔走してばかりいる経営者は怠惰である、という考えがある。誰の目にも見えることにのみ拘泥《こうでい》する経営者は、即ち楽をしている。未だ誰も見たことがない、確たる保証もない先々の将来と真正面から向き合い、今日や明日に逃げ込まない勇気と覚悟を持てと、次代の経営者に要求しているのだ。

先の見えない将来と真っ向から対峙する覚悟の他にも、現役経営者が次の後継候補に求める別の覚悟もあるようだ。

「言葉で表現するのは難しいのですが、その人がこれまでの会社人生で、その時々でどれだけ肝を据えて仕事に取り組んできたのか、それを次の経営者には問うていきたいです。営業でも経理でも、どんな仕事でも良いのですが、自分に与えられた仕事の意味や、そこで己ができることを真剣に考え抜いてきた人は、会社がどうあるべきかについてその人なりの明確な考えを持っているものです。上の立場になって、ある日突然、会社全体について自分の考えを持つようになるわけではありません。長い年月をかけて、一つ一つの積み重ねが、その人なりの会社経営観を生むのです」

「次の社長の地位が見えてきた段階で、会社の頂点に立って、社員全体の生活を引き受ける責任や覚悟を持てといっても、それは絶対に無理な話です。その人が次の経営者を任せられる人なのかどうかは、この会社をどうしていきたいのか聞けば大体はわかります。覚悟ができている人は、ちょっとやそっとでは揺らぐことがない信念みたいなものを持っていて、例え周囲から雑音が入ったとしても、会社経営に対する自分の考えを曲げることはありません。それは、その人の過去の実績を見れば一目瞭然です。加えていえば、仮に自信や信念のようなものを持っていても、私利私欲が見え隠れするような人は駄目です。たまに、堂々と己の経営観を語れるものの、そこに私念めいたものが透かし見えてしまう役員がいます。無私無欲であれ、とまでは言いませんが、自分の感情をコントロールし組織を優先する術を身につけていなければ、社員はついてきません。個人感情を超越することができるか否かも、やはりこれまでの仕事にどれだけ真剣に打ち込んできたかで決まってくるのです」

ある大手食品メーカーの社長は、経営者になる覚悟とは、簡単には揺らぐことがない会社経営観を持ち、私利私欲をコントロールして組織の利を優先することだと言い切っている。そして、それらは急にできるような底の浅いものではなく、目の前の仕事に必死に、真剣に取り組んできた積み重ねであるとも語っている。それはそうだろう、覚悟などというものは一朝一夕にできあがるものではない。このように現役経営者の話を基に考えてみると、経営者になる覚悟というやや茫漠とした資質も、大きく三つ程度の要素に分解することができるのだ。

2-2 次代の経営者が備えているべき資質

ここまでは、日本の大企業の現役経営者が語っている生の声から、次の経営者に求めたい資質を俯瞰してきた。ここからは、コーン・フェリーが持っているデータを使って、次代の経営者が備えているべき資質について、より具体的に考察していきたい。

第1章で職業人の能力を測定する方法論、コンピテンシーを紹介したが、経営者の能力測定に特化したCEOコンピテンシーという基準も存在する。第1章で先に触れたコンピテンシーはどんな職種、どんな階層にでも適用可能な汎用的な基準であるのに対し、CEOコンピテンシーはその名の通り、経営者の能力測定にのみ適用する基準である。これはグローバル規模で企業経営者にインタビューを重ねて、成功している経営者に共通している行動と思考様式を抽出したものだ。そのため、経営者の選定基準として最適であり、日本企業の経営者サクセッションプランにも有効に使用されている。

繰り返しになるが、経営者のサクセッションプランの取っ掛かりは、次の経営者の要件づくりになる。もう少し解説的にいうならば、次の経営者を選ぶ際の能力基準を、測定可能な形で定義していく、ということになる。よって、コーン・フェリーがコンサルティングを行う際には、CEOコンピテンシーを用いて能力基準を設定することになる。何がいいたいのかというと、日本企業がサクセッションプランで次の経営者要件をつくる際に、どんなCEOコンピテンシーの項目を能力基準として設定しているか見れば、次代の経営者が備えているべき資質を具体的に論じることができるということだ。多くの企業が選んでいるコンピテンシー項目こそ、日本における次代の経営者が具備すべき能力だといえるわけである。この分析を行う上で、CEOコンピテンシーの構造について簡単に触れておきたい。

CEOコンピテンシーには27の項目が存在する。

27項目というと、かなりの数だと思われるかもしれない。しかし、それぞれの項目の定義が書かれている図表5を一瞥すると、そのいずれもが企業のトップである経営者には大事な項目ばかりであることがおわかりいただけるはずだ。だからといって、次の経営者を選ぶ基準として27項目のすべてを用いるかというと、第1章で先に触れた管理職への登用基準と同じで、そんなことはあり得ない。すべての項目を満たす後継候補者がいたとしたら、それは超人の域である。全項目を選定基準としてしまったら、次の経営者になり得る人材など間違いなく誰も存在しないだろう。そのため、実際には自社を取り巻く経営環境の変化、今後の経営戦略などを念頭に置いて、本当に大事な項目だけに絞り込んで基準化することになる。

図表5 CEOコンピテンシー一覧

コンピテンシー名称	コンピテンシー定義
ビジネス環境理解	事業環境のトレンドを幅広く把握して、自社のビジネスへの影響を洞察する
概念的思考力	パターンを見抜いたり、考え方をつなぎ合わせ、新しい見方を作り出す
目標の最適化	複数のビジネスゴールを統合し、最適化する
大局観	各部門・機能の相互作用を理解し、全社的・大局的な視点を持つ
情報指向性	ビジネス、マーケットへの洞察を深めるべく、新たな情報や視点を獲得する
組織構築力	中長期的な戦略に適合する形で組織や仕組みを構築する
顧客志向組織の構築	組織を、顧客ニーズの発掘と充足にフォーカスさせる
成果志向性	リスクとリターンを正しく判断し、ビジネスを改善・向上させる
長期的視座	将来的な問題を先んじて防ぎ、先々にあるチャンスを創出する
経営チーム構築力	戦略を機敏かつ確実に実行できる経営チームを作り上げる
権限委譲	権限を委譲したりして、社員のコミットメント・責任意識を高める
育成力	中長期的な視野に立って相手を育成する
説得力	相手（あるいは組織）を説得し、自分の考えに沿った行動をとらせる
組織風土の醸成	自らの言動を通じて、組織文化を望ましい方向に導く
組織認識力	組織内の力学、真の意思決定者などを理解し、組織内で起こり得る事態を予測する
社内人脈の構築	信頼関係に基づく、幅広い“社内”ネットワークを構築し、維持する
社外人脈の構築	信頼関係に基づく、幅広い“社外”ネットワークを構築し、維持する
連携力	権限の有無に関わらず、国境を越えたコラボーレーションを促進する
変革力	ビジョンやメッセージを打ち出し、組織の変革を加速させる
状況適応力	予期せぬ状況に対し、組織内のポジティブ・ネガティブ両面の感情を察知し、建設的に対応する
ビジョン伝達力	戦略・ビジョン・バリューを、組織の構成員が腑に落ちるように伝える
対人理解力	相手の特性や文化的背景も踏まえ、相手の考えや心情を読みとる
自信	自分の考えを明確に持って、困難な状況でも挑戦する
経営者としての成熟性	個人的な感情や動機よりも、組織の利益を優先して行動する
多様性理解	組織目標の実現に向け、年齢・性別・国籍などのダイバーシティーを促進する
異文化理解	異文化を尊重し、ある文化において自分のビジネスが持つ意味合いを理解する
倫理基準	組織の利益を超えて、社会に資する決断をする

図表6　CEOコンピテンシーの採択率ランキング（採択率50%以上）

順位	コンピテンシー	選択率
1	ビジネス環境理解	100%
1	概念的思考力	100%
1	成果志向性	100%
1	長期的視座	100%
1	自信	100%
6	社外人脈の構築	92%
7	育成力	83%
8	ビジョン伝達力	75%
9	組織構築力	58%
9	顧客志向組織の構築	58%
9	連携力	58%
9	経営者としての成熟性	58%
9	多様性の促進	58%
14	情報指向性	50%
14	経営チーム構築力	50%
14	社会貢献	50%

それでは、日本企業が次の経営者を選ぶ際の基準として選んだ項目を見ていこう。今回の対象としたのは、日本の大企業20社だ。20社の内訳は金融機関、情報通信、消費財メーカー、化学品メーカー、商社といった具合にバラエティーに富んでいる。CEOコンピテンシーの各項目について、経営者の選定基準として選んだ社数の率をランキング形式にしたのが図表6である。

経営者にとってはすべて重要そうに思えた27項目だが、意外なほどはっきりと多くの企業に選ばれる項目と、殆ど選ばれない項目とに分かれる結果になった。

以降では選択率が50％以上の項目、つまり10社以上の日本企業が選んだCEOコンピテンシー項目に焦点を当てて論を進めた

図表7　採択率50%以上のCEOコンピテンシー類型化

コンピテンシー分類	コンピテンシー
①広い見識を持って、自分なりの見解をつくる	(1) ビジネス環境理解
	(2) 社外人脈の構築
	(3) 情報指向性
②経営チームを構築する	(4) 経営チーム構築力
	(5) 多様性の促進
	(6) 連携力
③経営者としての覚悟を持つ	(7) 長期的視座
	(8) 概念的思考力
	(9) 自信
	(10) 経営者としての成熟性
④組織をつくる	(11) ビジョン伝達力
	(12) 組織構築力
	(13) 育成力
	(14) 顧客志向組織の構築
⑤企業を永続させる	(15) 成果志向性
	(16) 社会貢献

い。そうすると、全27項目の内、16の項目に絞り込まれる。これらの重要項目を、管理職の人材要件を分析した時と同じように幾つかの類型にまとめて眺めていきたい。類型化にあたっては、現役経営者が語っている自らの後継者に求める資質と整合が取れるように心掛けた。そうすると図表7のように、五つの類型に分類できる。

大まかに捉えると、①〜③までは現役の経営者が〝これからの時代〟により必要性が増してくると説いていたものであり、④〜⑤は企業トップには時代を超えて普遍的に求められるもの、といえるだろう。

①広い見識を持って、自分なりの見解をつくる

将来を見通そうとすると、自社や業界という限られた枠を飛び越えて、幅広い見識を持つことが大切である。何も知らずに未知の世界を歩んでいこうとするのは無謀極まりなく、できる限りの備えをしておくべきだ。では、やがて訪れる将来への備えとして、持っておかねばならない見識とは何なのだろうか？　かつて、あるクライアントのリクエストを受けて、成功する経営者になるために大事な知識と経験について調査をしたことがある。この調査では、日本の大企業から中堅企業まで50人ほどの現役の社長にインタビューを実施して、過去を振り返って今の仕事に活きていると思う知識と経験をお聞きした。インタビューにおいて、大半の社長が大きな学びを得られたと語っていたのは、より多くの会社について知ること、より多くの業界に触れることだった。

これは無論、会社通、業界通になれという短絡的な話ではない。彼らは沢山の会社や業界を知ることで、多種多様なビジネスモデルと商流を自分の頭の中にストックしていたのだ。よほどの天賦の才にでも恵まれていなければ、全くの無から何かを考え出すことなど不可能だ。これからの世の中で競合優位性が築ける戦略を構想する上で、あるいは将来に向けた新しい事業を創造するにあたって、より多くのビジネスモデルと市場を知っておくことは極めて大事な土台となる。幾つかのビジネスモデルを組み合わせて進化させたり、他業界の市場

構造を模倣したりすることで、実業上では多くの有益な示唆を得ることができる。しかし、それをやろうとすると蓄えがないと無理なのである。

以上の話をCEOコンピテンシーに置き換えると、**「（1）ビジネス環境理解」**という項目に相当する。事業環境のトレンドを幅広く把握し、自社のビジネスへの影響と適用を洞察する。先々への備えとしての見識を噛み砕いて考えると、こういうことになるだろう。

また、このインタビューの中では、数多くの社長が異業種交流を行う経験の大事さについても語っていた。仕事で直接的に関係がある人達とばかり交流していると、物事を考える視点に偏りが出てしまう。全く違う業種の人と交流する機会があると、「ああ、こんな考え方もあったんだ」と目を見開かされることが多いそうだ。刺激を受ける機会、気付きを得る機会として、異業種交流を行う意義を指摘しているわけだが、実はもう一つの重要な側面がある。幅の広い見識を養うための情報源を確保する貴重な機会だということだ。

経営者にとって人脈づくりが欠かせないことは、前項の現役経営者の生の声からも学んだばかりである。自ら築いた人脈を通じて、まだ手垢のついていない一次情報を収集し、そこから新たな洞察を得る。さまざまな研究成果からわかってきていることだが、斬新で非連続的な思考は、一見すると関係性が薄い、共通性の距離が遠い複数の情報を組み合わせることで生まれるとされている。つまり、ビジネス上で新たなアイデアを創造しようとすると、自社とはあまり関係がない（と少なくても今は思われる）業種、直接には取引がないような業界の人たちとの人脈をつくり、彼らから生の情報を収集するのが有効な手段になるのだ。CEOコンピテンシー項目の**「(2) 社外人脈の構築」**と**「(3) 情報指向性」**は、まさにこうした活動の支えとなるものである。無目的な人脈づくりや情報収集は、無駄な活動で非効率極まりないという論調もあるにはあるが、それは社内の一担当の立場に当てはまることであって、経営者には遊びを持たせた社外交流が必須なのである。

②経営チームを構築する

この類型にはその名もずばり**「(4) 経営チーム構築力」**と**「(5) 多様性の促進」「(6) 連携力」**、3つの項目が分類される。この3項目の内、中でも**「(4) 経営チーム構築力」**と**「(5) 多様性の促進」**は日本人が不得手とするものだ。**「(4) 経営チーム構築力」**は、各人の経験や能力を考慮して、戦略を実行するために最適なメンバーを選んでチームを組成し、緊密に連携する体制を整える、というコンピテンシーである。既にある経営チームを与件とするのではなくて、自らの意思で人選を行ってチームを作るところからスタートする。

この行為は、役員をはじめとする経営陣の選定を、経営トップの考えというよりも過去からの慣例や暗黙的な基準によって行ってきた日本企業では容易でないことだ。多くの場合、経営チームというべき経営会議や役員会のメンバーは、社長にとっては予めあてがわれた簡単には動かし難いものだったりする。そもそも、経営チームという考え方自体が日本では馴染みの薄いものであったのに加えて、経営者が自由にチームを組成することに困難がつきまとう日本企業の構造も相まって、このコンピテンシーを十分に有している経営者は未だ多くないのが実際のところである。

手慣れていないことは難しい、それは事実ではあるが、かつてないほど変化が激しく、先を予見するのが難しい経営環境下において、経営トップ一人だけの力で戦っていくのは大海原にたった一隻で乗り出すようなものである。自らの不足を補うための、また最適な経営バランスを実現するためのチームを編成する力が必要になることは、現役経営者が切実に語っていた通りだ。次代の経営者候補生は、早い内から自分の経営チームを作る訓練をしておいた方が得策である。

もう一つ、**「(5) 多様性の促進」**もまた、日本人が決して得意とはいえないものだ。このコンピテンシーは、自分とは異なる背景や価値観を持った人材の価値を認めて積極的に受け入れ、組織に多様性をもたらす、という力を指している。多様性をミクロなレベルで見ればジェンダー、マクロなレベルで見れば国籍や民族となろう。ダイバーシティの考え方そのものといえる。日本の企業が多様性を促進することに慣れていないのは、ここで敢えて触れるまでもないかもしれないが、日本は単一民族の国家であって国民の同質性が高い上に、日本企業は日本人だけの、もっというと男性中心のモノカルチャー的な共同体だったからだ。

明らかに、構成員が皆同じ価値基準を有するモノカルチャー的な組織の方が、コミュニケーションの効率は良い。ある一定の共通理解や常識をお互いが有しているので、すべてを説明しなくても意思が通じてしまうという、構成員にとって居心地の良い環境がそこにはある。片や、ここが企業におけるダイバーシティ論の本質になると思うのだが、物事の考え方、つまり思考様式が似通った人たちの集団からは、新しく豊かなアイデアは生まれてこない。このことを、日本企業の限界であると喝破する識者もいるくらいだ。近年では女性の積極的な活用という形で、ダイバーシティの促進を図ろうとする企業が増えているが、実際のところ、それで国際競争に勝てるレベルなのかというと、グローバル企業で〝当たり前〟の一合目にようやく辿り着いた程度だろう。

先の、大手医療機器メーカーの社長の話から垣間見えるように、日本企業に真のダイバーシティを取り込んでいくのは相当なチャレンジである。第一に言語の壁がある。今の若い世代の人たちには想像しにくいかもしれないが、経営陣にとって英語で侃侃諤諤《かんかんがくがく》の議論を繰り広げようというのは、思っている以上にハードルが高いものなのだ。まして、日本人は決して議論上手とはいえない。意見を戦わせることに慣れていない上に、しかも英語でとなれば、腰が引けてしまう理由も良くわかる。しかし、仮にそうだとしても、売上の過半を海外で上げているような企業の経営陣がすべて日本人、などというのは、普通に考えれば不自然な状態である。多くの顧客が海外にいて、しかもパートナー企業も海外に多く存在するというのに、日本人だけで経営の舵取りをしようというのは無茶な話だ。山の上り方はさまざまであって良いが、これからの経営者は、経営陣に多様性を持たせる試みから決して逃げてはいけないのだ。

③経営者としての覚悟を持つ

経営者としての覚悟は、ある日突然にできあがるものではない。現役経営者が指摘をしているように、日々の鍛錬によってのみ培われるものである。角度を変えて眺めると、覚悟といっても、何もパーソナリティーのような人格的な要素のみを問うているだけではなく、鍛えることができる能力のようなものだと考えて良い。よって、コンピテンシーに置き換えることができる、**「(7) 長期的視座」「(8) 概念的思考力」「(9) 自信」「(10) 経営者としての成熟性」**の4項目が経営者としての覚悟を形成するものである。

今、目の前にある今日や明日ではなくて、はっきりした輪郭が見えない将来と向き合い、先々を見通そうとすること、これを一つの覚悟だと現役経営者は語っていた。これこそまさに、**「(7)**

長期的視座」である。コンピテンシーにはレベルというものがあって、レベルが上がるほど発揮が困難な行動になってくる。**「(7) 長期的視座」**の最高レベルの定義は、「自分の在任期間内だけではなく、退任後の将来までを見通した上で、先んじて必要な意思決定を行う」となっている。在任期間が何年なのかという議論を呼びそうではあるが、大事なのは自分という小さな枠組みを超えて、会社にとっての将来を考え抜く、という点にある。そんなこと、予言者でもない限り無理ではないかと思われるむきがあるかもしれない。無論、将来を正確に予知することなんて誰にもできない。ただし、将来に対する仮説を持つことはできる。

雑誌の記事を通じて見ると、あるいは実際にお会いして話を聞くと、優れた経営者は多かれ少なかれ、未来に対する仮説を持っていることがわかる。時間軸の長短や、仮説の粒度感には人によって差があれども、将来はこうなるはずだという、自分なりの考えを土台にして経営を行っていることがうかがえる。仮説を持つこと自体は、時間と努力次第で誰にでもできることだが、その内容があまりにとんちんかんで、現実離れし過ぎた夢想であっては、実業においては役に立たない。検証を繰り返すことで、実現性が高いものへと進化させられる仮説でなくては意味がない。つまりは、仮説にも一定の精度が求められてくる。

将来仮説の精度を決めるのは何だろうか。言うまでもなく、将来は現在の延長線上にある。連続的であれ、非連続的であれ、現在を下敷きにして将来は形づくられる。従って、いま現在についてどれだけ正しい見識を持っているかが、先々を見通す上で極めて大事になる。それは間違いないのだが、より多くの情報を持っている人が、精度の高い将来仮説を立てられるのかというと、必ずしもそうとは言い切れない。単なる情報通と優れた予測者とは異なるのだ。現状に立脚した上で、スジの良い予測、精度の良い将来仮説を組み立てようとすると、**「(8) 概念的思考力」**が必須である。第1章でも解説しているが、**「(8) 概念的思考力」**とは抽象化思考やパターン認識とも呼ばれるものだ。複数の事実や情報から、それらに共通する法則なりパターンを抽出する思考力のことである。

恐らく誰しもが一度は受けたことがあるであろう、知能テストを思い出して欲しい。図表8のように、何らかの法則性がありそうな幾つかの図形が並んでいる中に、一つだけ穴が空いていて、そこに入るべき図形は何か、という問題だ。この問題で測定しようとしているのは、既存の複数の図形に共通するパターンを見出して答えを推論するという、概念的思考力そのものである。将来は現在の延長線上にあるものだが、現在地から絶えず進化（あるいは部分的な退化）を伴うものである。その変化の法則を見出せるか否かが、将来仮説の精度を決定づけることになる。情報技術と消費者の購買行動、双方の進化法則を見極めて新たなサービスを作り上げたAmazonやGoogleなどは、ビジネスに資する仮説を構築した好例だろう。

図表8 適性能力テスト（例）

問題
空欄に当てはまる最も適切なものを選択肢①～④の中から選びなさい

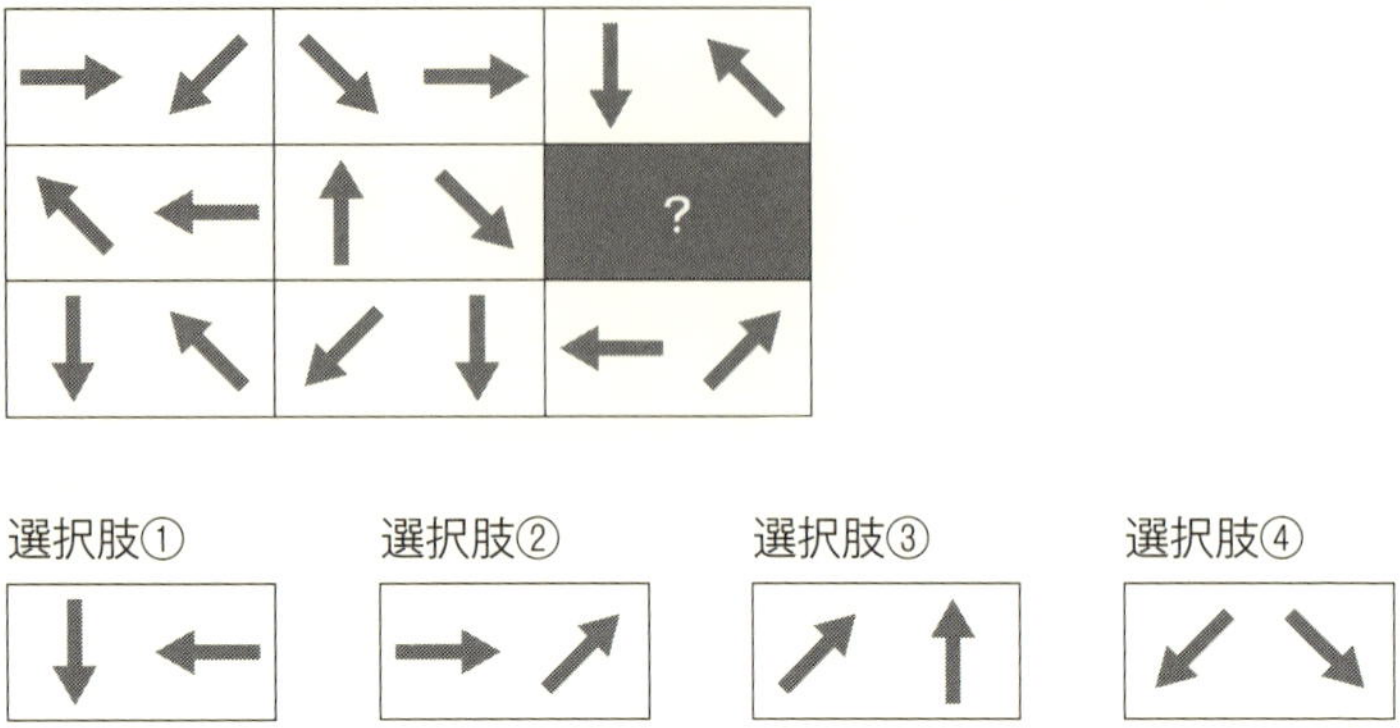

最近、自社の将来を考えようというスローガンの下で、多くの日本企業で研修やワークショップが行われているように思う。これは何も一般社員や管理職層だけに限った話ではない。日常から離れた方がインスピレーションも湧きやすいということだろうが、休日などに役員がオフサイトで集まって、皆で来るべき5年後、10年後を考える、などといった試みも多く行われている。しかし、気合いと時間的な余裕さえあれば何とかなるような、生易しいものではない。不確実な未来と対峙して経営をしていくには、将来仮説を持とうとする弛まぬ努力と、進化の法則を見抜く思考力との両方が必要なのである。

次に、**「(9) 自信」**と**「(10) 経営者と**

しての成熟性」について触れていきたい。自信というと、自分の力や価値を信じて疑わないことであり、ともすると過信や自信満々といった具合に、自己中心的なイメージすら持たれかねない言葉である。慎ましさを美徳とする日本社会においては、特に自信家に対する評価が低くなりがちな傾向があるように思う。もちろん、根拠のない自信はどこの世界でも悪であるが、自信というコンピテンシーが指し示しているのは、自分の考えを明確に持って、困難な状況でもその考えを曲げずに突き通すという、強くて折れない芯を持つことである。単に自分を信じるという精神論ではなく、真剣に仕事に取り組んだ結果として生まれてくる、ぶれることがない判断基準を持つことだと言っても良い。自信が低い人というのは、極めて受け身な人だ。上位者からの指示がなければ、または明確な判断基準が示されていなければ、自分で決めて行動を起こすことができない。

自信が低い人であったとしても、従来のやり方を踏襲し、ルールに従って組織を運営していれば良い状況であれば、経営者として成り立つのかもしれない。しかし、変化が激しく答えを自分で見つけなければいけない環境下では、よって立つべき自らの判断基準がなくては、何事も決めることができない。これからの時代、暗闇の中でも迷うことなく決断し、力強く邁進する経営者が求められているのは自明なことだ。

人の上に立つ者は公明正大であれ。この世には古今を問わず、経営者たるもの無私無欲であるべしという理想論が存在する。確かに、私利私欲にまみれた長を信じ、その後をついていこうとする人なんて滅多にいないだろう。しかし、日本企業が**「（10）経営者としての成熟性」**を次代の経営者候補に求めるのは、何もそうした理想論にのみ理由があるわけではない。

人間には、潜在的に選択してしまいがちな思考のあり方、行動のあり方というものがある。意識をしなければ、どうしても他人のパーソナリティーに興味が向かず、人間ですら対処すべき課題として認識してしまう人。目的感を強く持たなければ、本来解くべき問題を放置して、目の前の情報集めにばかり奔走してしまう人。とってしまいがちなパターンは人それぞれだが、誰にでも思考様式、行動様式のクセが存在していて、これは致し方のない事実である。ただ、人間は理性の動物なので、そのクセが悪影響を及ぼすと学習すれば、意識的に考えや行動をコントロールすることができる。その一方で、精神的に追い込まれた時には、理性のコントロールが効かなくなり、悪いクセがそのまま発動されてしまうこともまた事実である。

これまでお会いしてきた経営者の中には、悪いクセを自分の限界として理解されている方も多くいらっしゃった。

「迷った時に、私にはどうしても人情に流されてしまう傾向があります。それが冷静な判断を狂わせてしまう恐れがあると自覚もしています。大幅に事業のポートフォリオを入れ替えなければいけない局面で、撤退すべき事業に従事する社員や工場の人たちの顔が浮かんできてしまいました。何とか軟着陸させる道はないものかと、時間的な猶予を稼ごうとする意識が頭をもたげてきましたが、冷静に見ればそんな余裕は残されておらず、精神的にギリギリの状態へ追い込まれました」

ある素材メーカーの社長は、経営改革を断行した際のことを、このように回顧している。随分と悩みに悩んだものの、自分のいつもの思考様式が判断を鈍らせていると客観視できたことで、会社の存続のために事業売却というベストな判断が下せたそうだ。

「最近、敢えて仕事を離れて、ぼやっと考える時間を持つようにしている」と語っていたのは、ある大手流通業の経営者だ。この方は、目の前に転がっている課題がいつも気になってしまって、四六時中、課題潰しに走り回ってしまうクセがある、と自己分析されていた。これまではそのコマネズミのような性質が上手く回転し、筋肉質の組織を作り上げて業績を伸ばしてきたものの、これから先に大きな構造変化が見込まれる流通業界では、モグラたたき的な経営はなりゆかない。そんな課題感を強く持っているとのことだった。そのため、放っておくと顕在化している課題ばかりに意識が向いてしまうので、努めて日常業務から自らを切り離すことで、先々のことや、マクロな経営環境に思いを馳せる時間を作っているそうだ。

このいずれの話にも、これからの時代に、経営者としての成熟性が求められる本質が語られている。従来の常識が通用しない、確たる成功法則が存在しないこれからの世の中で、会社に繁栄をもたらす意思決定を行い続けるのは、余程に強靭な精神の持ち主でもない限り、プレッシャーに苛まれつつ迷いながらの繰り返しになるはずだ。そうした、自分の限界が露呈してしまうギリギリの状況下でも、自己の悪弊を熟知して対策を講じ、誤った判断を避けることが会社の存続につながる。成熟性は単に美徳として備えているべきものではなくて、不確実な世に対処するために鍛錬しておくべき技能なのだ。

④組織をつくる

ここまでは、過半の日本企業が次の経営者に求める要件として選択したコンピテンシーのうち、現役経営者が〝これからの時代〟でその重要性がさらに高まると指摘するものを解説してきた。

ここからは、いつの時代であっても重要性に大きな遷移はなく、企業経営者に普遍的に必要とされるコンピテンシーについて概観していきたい。

自らが構想した戦略を実行する強靭な組織を作り上げることが、経営者の大事な仕事だということに異論を差し挟む人はいないだろう。この類型に入るコンピテンシーは、**「(11)ビジョン伝達力」「(12)組織構築力」「(13)育成力」**などがある。会社を舵取りするために、まずは向かうべき方向性をビジョンという形で社員に発信し、勝てる強い組織を組み立てて、会社の一番の資産である人材づくりも怠らない。そんな経営者はいつの時代でも、どんな環境下でも求められるはずだ。

もしも、今の気運が表れているものがあるとすれば、**「(14)顧客志向の組織構築」**というコンピテンシーになろう。"Customer comes first"の精神を第一義とした、社員全員が顧客のニーズを満たすことを最優先する組織を作り上げる力のことだ。企業にとって顧客は大事という気分はいつの時代でも変わらぬことだが、顧客ニーズを起点に組織を構築するという発想は、多分に現在的なものである。これには、これまでに多くの日本企業が、自社の業務効率を優先した組織を構築してきたという背景がある。

業務効率を重視した組織構成の代表格が、機能別組織である。開発本部、生産本部、営業本部という具合に、それぞれの機能の効率性を高めることを目標として組織が組まれている。言わば、顧客起点の正反対で、自社の都合を起点とした組織のあり方だ。こう書くと、機能別組織が絶対的な悪であるかのように思われるかもしれないが、そんなことは決してない。品質の良いものをたくさん作ってたくさん売ろうとすると、機能ごとに組織を組んでいくのは合理的なやり方といえる。では何故、殊更に顧客志向の組織の必要性が叫ばれているかというと、幾ら自分たちが良いと信じる製品をたくさん作ったところで、以前のようには売れない現実に直面しているからだ。

本当に売れるものを作ろうとすると、顧客の声に真摯に耳を傾けなければならない。今では多くの日本企業が、この事実を突きつけられた格好になっている。顧客ニーズを汲み上げて、組織として機動的に対応するための方法論について、各所でいろいろな議論がなされている。例えば事業ユニットの導入があり、例えば組織のフラット化などがある。方法論はさまざまにあれども、その本質は顧客にできるだけ近いところで大事な意思決定を行い、可能な限り速やかに組織が対応できるようにすることにある。何も組織構造論だけに限った話ではなく、社員のメンタリティーや組織風土も含めて、顧客本位の組織を作り上げていく力が、今の経営者には必要とされている。

⑤企業を永続させる

会社を長きにわたって繁栄させる。経営者には株主や社員といったステークホルダーへの責任を果たすべく、企業を中長期的に成長させる義務がある。もちろん、そのためには短期的な業績を確保することを疎かにすることはできない。年々での積み上げが、長期にわたっての繁栄につながっていく。その一方で、短期の収益拡大と中長期の成長を両立させる難しさは、ここで敢えて触れるまでもなく数多くの識者が指摘している通りだ。両者のバランスを取り損なって、会社の舵取りを失敗する経営者が後を絶たない。

「(15) 成果志向性」というコンピテンシーは、成果に強くこだわって何が何でも目標を達成し、業績を向上させる力である。一企業を率いるトップたるもの、壮大なビジョンや夢を語っているだけでは許されず、株主へ利益を還元するため、あるいは社員の生活を守るために、自らが掲げた業績目標を是が非でも達成しなければならない。この**「(15) 成果志向性」**が低い人は、経営者のみならず、実業界における組織長としては失格といえる。選択率が100%であることからして、絶対必須のコンピテンシーなのである。

企業を永続させるための条件として、CSR（Corporate Social Responsibility）という考え方が、日本でもだいぶ定着してきたように思う。企業は自社の利益を追求するだけでなく、広く社会のステークホルダーからの要請に応える責任があるというのが、その趣旨である。この責任論は、企業市民としての社会貢献的な色彩が強いが、もう一方では企業の持続的な発展をも意図したものである。つまりは、企業が社会へ何らかの貢献をすることでその存在

意義を認められ、ひいてはそれが企業を存続せしめる、そうした考え方だ。コンピテンシー

「(16) 社会貢献」の最上位レベルは、「自社の業績向上と社会への貢献を両立させる」と定義づけられている。経営者には、近視眼的な経営に陥ることなく、長期的な繁栄をも視野に入れて、CSRの考えに則った社会貢献が求められるのである。

2-3 日本企業の経営者候補に欠けているもの

コンピテンシーの分析を通じて、今現在、日本の大企業が次代の経営者に求めている資質は良くわかった。そこに投射されているのは、まだ見ぬ将来の世界を逞しく泳ぎ切る企業トップに相応しい姿だ。しかし、それは一つの理想像であることも事実であり、すべてを十分なレベルで満たす人材など滅多にいないこともまた事実である。要件とはあるべき姿であって、そこに近づく努力を要求する類のものである。従って、日本企業だけでなく欧米の先進企業だとしても、経営者の要件をすべて満たす後継候補者はそう簡単には見当たらない。とはいえ、それで日本の経営者の後継候補に問題がないと胸をなでおろして良いかといえば、決してそんなことはない。日本企業の後継候補者には、一定の共通性を持った問題点が存在している。

日本の後継候補者に固有の問題点を浮き彫りにするには、その他の先進国、中でも欧米のグローバル企業の後継候補者と比較をするのが良い。コーン・フェリーは日本のみならず世界各国で、CEOの後継候補者に対する人材アセスメントを行っている。そのため、後継候

図表9 経営後継候補者のCEOコンピテンシー平均値スコアの日本企業・欧米グローバル企業比較

コンピテンシー項目	日本企業	欧米グローバル企業
ビジネス環境理解	2.1	3.2
社外人脈の構築	2.0	2.4
情報指向性	2.6	3.5
経営チーム構築力	1.2	2.3
多様性の促進	1.4	2.5
連携力	2.6	2.5
長期的視座	2.6	2.1
概念的思考力	2.9	3.1
自信	2.5	2.5
経営者としての成熟性	2.2	2.4
ビジョン伝達力	3.4	3.4
組織構築力	2.1	2.8
育成力*	3.6	3.1
顧客志向組織の構築*	3.2	3.7
成果志向性	2.6	2.7
社会貢献	3.0	3.2

＊ポイント差が0.5以上のコンピテンシーについて項目を網掛
＊ポイント差が0.5以上のコンピテンシーについて高い方のポイントを網掛

補者の力量について、日本企業と欧米企業との比較が可能である。具体的には、前項で述べた、過半の日本企業が次の経営者の要件として選択した16項目のCEOコンピテンシーについて、日本企業と欧米のグローバル企業、それぞれの後継候補補に対するアセスメント結果を比較する。そうすることで、日本の後継候補者に固有の弱み（そして強み）が見えてくる。

図表9は日本企業と欧米のグローバル企業それぞれで、経営後継候補者のアセスメント結果の平均値を示したものだ。CEOコンピテンシーの16項目で、両者の平均値の差分が

大きいところを強調して示している。人材の力量というものは、個人差が存在するのは言わずもがなだが、相当なサンプル数で平均化を行っているので、両者の共通傾向について一定の真実を物語っているといって良い。事実、日本企業における役員層を数多くアセスメントしてきた経験に基づけば、「なるほど、確かに」と思わされる結果になっている。

日本の経営者候補の強み

人種もさることながら、生まれ育った環境にも、これまでに踏んできた職務経験にも、両者の間には小さくない違いがあるとはいえ、すべての力に目を見張るほどの差分があるというわけではない。例えば、カリスマ的な経営者が喧伝されてきた事情が大きく影響しているはずだが、自らのビジョンを活き活きとした形で社内外に発信する**「ビジョン伝達力」**などは、グローバル企業の後継候補者の方が高いと思いがちだ。ところが、実際には日本の後継候補者と違いは認められない。また、自社内だけでなく社外のリソース、特に知的資源を有効活用するという文脈の中で重要性が増している。組織間の壁を越えたコラボレーションを促進する**「連携力」**も、オープンイノベーションのメッカがアメリカであることから、欧米グローバル企業の方が高いと考えがちだ。しかし、実際はそうなっていない。

日本と欧米で大きな違いがない項目は、当然のことながら個人差は存在するものの、国や地域による格差はないのである。一方で、日本企業と欧米企業の間に、明確な差分が見える項目もある。その中でまずは日本企業の方が高い、概して日本の経営候補者の方が強いといえる項目から見ていきたい。

将来に起こり得るチャンスやリスクを予見して、先んじて手を打つ。コンピテンシー**「長期的視座」**の定義である。各種のメディアが、日本の経営者は長期的展望を欠いているとの論陣を張っているのを目にするが、データを見ると日本全体としてはそんなこともなさそうだ。仮に、日本の経営者あるいはその候補者が長期的な視野を欠いていたとしても、世界的に見れば相対的にまだマシということになる。日本と欧米、特に米国との企業比較論の中で昔からいわれているものに、短期志向vs長期志向がある。

米国では株主から短期的な利益を追求するプレッシャーがかかるため、どうしても今日、明日を重視する経営が行われがちである。株主に対して約束した利益を還元できなければ、経営者はその時点で自分の職を失うことになる。

片や、日本では株式の持ち合いが存在し、同グループ内の銀行や保険会社などが大株主になっている背景があって、そこまで短期的な経営を強要されることはない、従って米国の企業に比べれば、日本の企業は長期的な展望に立って経営ができる、要約するとこんな論旨だ。

近年では、日本でも国の主導によって企業統治の進展が図られているため、かつてよりは先述の構図が薄れてきているが、未だに一つの真実を物語っているように思う。日々、仕事の中でお会いしている日本の大企業の経営者、またその後継候補者には、自分と会社を同一視しているというべきか、会社の将来をまるで自分の将来のように真剣に考えている方が多くいらっしゃる。毎日、目の前の業績向上だけを求められ汲々としている状況下では、こんな心境にはならないのではないだろうか。正直なところ、先々に対する見立てが甘かったり、将来の仮説と呼ぶにはあまりに情報不足の場合も多い。それはそれで大きな改善点ではあるのだが、日本の経営者候補には、長期的な視野に立って物事を考えようとする気構えがあるということは事実である。日本の企業はグローバル企業にあらゆる面で劣後していると闇雲に卑下するのではなく、この点については、我々はもっと自信を持つべきだと思う。

もう一つ、**「育成力」**も日本の経営者候補の方が優れているコンピテンシーである。**「育成力」**はその名の通り相手を育て、相手の能力を引き出す力だ。タレントマネジメントやコーチングといったように、人材開発に関する先端的な手法は欧米で開発され日本に導入されてきた経緯から、**「育成力」**も欧米企業の方が優れていると思われがちだ。ところが、データが示している結果はその逆である。

ＣＥＯのサクセッションプランを始め、全社的なタレントマネジメントのフレームワークなど、仕組みの面で欧米のグローバル企業が一歩リードしているのは事実だ。日本の企業も彼らの先行事例から学びを得て、自分たちの仕組みを高度化させようとしている。それはそれで疑いようのないことなのだが、会社の仕組みではなく個人レベルで見てみると、日本企業の方が部下を育成する力が優れているのも合点がいく話である。それには、二つの理由がある。

一つめは、**「組織の組み立て方が欧米企業と日本企業では異なる」**ということだ。大抵の場合、欧米企業はまずポストありきで、そのポストを遂行するために必要な能力を持った適材を当てはめるという考え方で組織を組み上げる。いわゆる職務主義的な組織体を基本にしている。そのため、ポストの要件を満たすための育成はないでもないが、現職者が要件を満たしていなければ、もっと適した人材に挿げ替えてしまえ、という力学が働く。しかも、日本に比べて欧米は人材マーケットが発展しているため、じっくり時間をかけて育てるより、そのポストに向いている人を外で探して採ってきた方が早くて効率的だ。何も育成ばかりに拘る必然性がないのである。

以前に比べれば、日本企業にも職務主義的な組織の組み立て方が浸透してきたとはいえ、まだまだ人ありきの、職能主義的な色彩が残る組織になっている。日本の企業にも、ポストや職務といった概念は存在する。欧米企業との違いは、ポストの職務内容が必ずしも固定的なものではなく、そこに就く人によって変わり得るという点にある。わかりやすい話をすれば、経営企画部長のポストに調和型の人材が配置されると、極めて調整機能に比重を置いたポストになるのに対して、強いリーダーシップを持つ人材が配置されれば、より作戦企画の色濃いポストになる、といった例が挙げられるだろう。

人に応じてポストの職務内容が変化するこの日本企業の特徴は、人材の育成に資するところがある。元来的なポストの要件に照らして不足がある人であっても、それを許容する柔軟性があるのは言うまでもなく、人材育成を意図した配置ができるからだ。ある特定の能力を鍛えるために必要な経験を積ませるべく、ポストの職務内容を再設計する、といった事例が日本では良く見られる。不十分なところがあっても目をつぶり、鍛錬の場としてポストを与える。つまりはそういうことだ。

日本企業における、個人レベルでの育成力の強さを支えるもう一つの理由は、**「全社的な人材育成の仕組みが立ち遅れてしまっている」**ことにある。何とも裏腹な話ではあるのだが、会社の仕組みに頼れない以上、組織長は自分でいろいろと考えて部下を育成しないといけない。経営者の後継候補に対するインタビューを行うと、部下の強みと弱みを把握して、成長のための機会を作って意識的に与えた、という話をお聞きすることがある。ある部下は会社全体を見る目が養われていないので、人事部に掛け合って本社の企画部署に異動させたとか、ある部下は国際性に欠けているので、チャレンジであることは重々承知の上で敢えて海外の子会社に出向させたとか、そうした話には枚挙に暇がない。

経営者の後継候補ともなれば数多の部下を抱えている上に、自分が持っている影響力や裁量も大きなものとなる。やろうとすれば、長い目線でもって部下を計画的に育てることが十分に可能な立場にあるのだ。人材の育成というものは、多分に個人の動機に根差したものであるため、日本企業の経営者候補であっても、部下育成に対する熱意や真剣度には個人差がある。どうしても、人に対して興味や関心が持てない人も存在するため、全員が全員、育成力が優れているというわけにはいかない。

しかしながら、欧米企業の経営幹部に比べれば、概して長い時間軸で部下の育成を考えているように思える。欧米グローバル企業の経営幹部にインタビューをすると、部下育成といっても、いま現在のポスト要件に照らして不足のある点を伸ばすという、スキル開発的な育成が主であることがわかる。そして、一定の育成を行っても効果が見込めない時には人を替えてしまう。それが彼らの組織運営のやり方なのだ。全社的な仕組みを通じて中長期的な人材育成を行い、個人レベルでは短期的な部下育成をするのが欧米流なのに対し、日本の企業では個人レベルでその両方をまかなっていかねばならない。皮肉といえば皮肉だが、仕組みの不在によって経営者候補個人の育成力が鍛えられてきたのだ。

図表10　欧米グローバル企業に比べ日本企業の平均値スコアが0.5ポイント以上低いCEOコンピテンシー

コンピテンシー項目	コンピテンシー定義
ビジネス環境理解	事業環境のトレンドを幅広く把握して、自社のビジネスへの影響を洞察する
情報指向性	ビジネス、マーケットへの洞察を深めるべく、新たな情報や視点を獲得する
多様性の促進	組織目標の実現に向け、年齢・性別・国籍などのダイバーシティーを促進する
経営チーム構築力	戦略を機敏かつ確実に実行できる経営チームを作り上げる
組織構築力	中長期的な戦略に適合する形で組織や仕組みを構築する
顧客志向の組織構築	組織を、顧客ニーズの発掘と充足にフォーカスさせる

日本の経営者候補に足りないもの

強みは強みとして素直に受け止めるとして、反対に日本の経営者候補に足りていないものは何だろうか。一言でいうならば、これまでに十分な経験をしたことがないために、培われていない能力があるのだ。CEOコンピテンシーの項目数で見ると、六つの項目について日本企業の経営者候補は、欧米グローバル企業のそれより劣っている。

ただ、そのいずれもが、日本人は元々弱いということではない。そうではなくて、経営者の後継候補という会社の中で上位に位置する人たちでも、それらの能力を伸ばすための機会にこれまで恵まれてこなかったのだ。

「経営チーム構築力」と**「多様性の促進」**とい

ったコンピテンシーは、既に前項で触れたように、これまでの日本企業ではなかなか発揮する機会が得られなかった。その会社の経営陣ともいうべき、経営会議や役員会のメンバーは、社長にとってあらかじめ、あてがわれるものであって、自ら選ぶようなものではなかった。そうした状況の中では、自分の考えに沿って一枚岩の経営チームを構築することなど思いも寄らなかっただろう。**「多様性の促進」**に関しても、日本人だけの、しかも男性中心のモノカルチャーが支配する組織の中において、敢えて多様性を重視しようという考えに至る人など普通はいない。もしそんな人がいたとしても、何を非効率的なことを言うのかと、周囲から異端扱いされて終わるのが関の山である。

その他四つのコンピテンシーも、これまでの日本企業では鍛える必然性や場面がなかったという意味においては、似たり寄ったりである。**「ビジネス環境理解」**と**「顧客志向の組織構築」**について考えてみたい。

この数年の間に、日本にもプロ経営者と呼ばれる人たちが台頭してきた。日本マクドナルド社の社長として一躍名を上げた原田泳幸氏、日本ヒューレット・パッカード社を経営した後に日本マイクロソフト社を率い、現在では古巣のパナソニック社に返り咲いた樋口泰行氏などが、プロ経営者の代表格としてあげられる。彼らは複数の会社で経営トップを務め、普遍的な経営スキルを体得したプロフェショナルである。会社の成り立ちや業界の違いに引きずられることなく、経営者という機能を見事に果たしてみせるエキスパートなのだ。

プロ経営者として成功している人たちは、間違いなく**「ビジネス環境理解」**と**「顧客志向の組織構築」**のコンピテンシーを高いレベルで有している。正確には、自らの経験の中で意識的に開発し、研ぎ澄ませてきたといった方が正しいだろう。社内の業務の細部までを知っているわけではなく、また社内に存在する仕事のルールやお作法を熟知しているわけでもない彼らは、現場のディテールに目を光らせるよりも、マクロな戦略論に頼って企業経営を行わざるをえない。市場のトレンド、業界の構造、競合の動向など、経営的な意思決定を下すにあたっての環境変数を押さえておかねばならない。

鶏が先か、卵が先かの議論に近いが、彼らがマクロな環境理解ができるのは、いろいろな会社や事業を経験してきたからだ。複数のビジネスを知っているからこそ、自社の事業環境を相対化して、高い粒度感で捉えることができる。

例えば流通業しか知らない人が、その業界を取り巻く環境を把握しようとしても、自分の目に見えている事象にのみとらわれてしまい、巨視的な理解にまでは至らないだろう。問題の核心はここにある。日本においては、プロ経営者と呼べるような人は極めて一握りであり、圧倒的に多くの人が一つの会社しか経験したことがない。また、複数の事業を営んでいる大企業であっても、幸いなことに複数の事業を経験できたという人の方が珍しいのが実態である。事業経験の幅が狭ければ、それだけ視野狭窄《しやきょうさく》になってしまうのも仕方のないことだ。若手だけでなく、エグゼクティブと呼ばれる上位層でも転職して会社を移ることが常識であり、いろいろな事業を経験する機会に恵まれている欧米に比べて、日本企業の経営者候補が**「ビジネス環境理解」**が低いのは、事業経験の幅が限定されていることに原因がある。

ここでもう一度、プロ経営者の話に戻りたい。彼らは、その会社でずっと働いてきた社員に比べると、長い時間の中で醸成されてきた企業文化に精通していることはなく、その会社の不文律に敏《さと》いはずもない。加えて各部門、各部署に点在している影の実力者にすべて通じているわけでもなく、社内の人間関係を十分に押さえているわけでもない。つまり、その会社独自の組織力学に頼って人を動かしていくことができないのだ。たまに、何とも政治家的な経営者というのがいる。社内の派閥争い、役員同士の利害関係を上手く利用して、組織を意のままに動かそうとする経営者だ。

その是非は置いておくとして、基本的に外様であるプロ経営者には、そうした政治家的な組織運営の手法を取ることはできない。では、どうやって人を動かしていくかというと、社員の目と心を顧客に向けさせることで、組織の行動様式を確立しようとする。ごく単純化していうと、何にもまして顧客のニーズが大事であり、そのニーズに機敏に応えるべくして社員が動くように、あらゆる手段を講じて仕向けていく。違った角度から見れば、プロ経営者には、顧客以外に組織を動かすための大義名分が存在しないのだ。**「顧客志向の組織構築」**は、外から招かれた彼らが、会社を導いていくために磨き上げた一つの手法なのである。

顧客本位の組織を作り上げる力は、何もプロ経営者だけに限らず、企業経営に携わる人であれば、誰にとっても等しく重要な力である。ところが、日本では大多数の人がその力を養うことができていない。それは、日本企業に属する大多数の人には、プロ経営者ほど真剣に顧客のことを考えずとも済んでしまう環境があったからだ。通常、それなりの規模で生き残れている企業は、成功を収めた基幹事業を持っている。確固たる収益を上げ続けるために、いわゆるビジネスモデルがきちんと組み立てられ、組織も業務もそのモデルに最適化する形で構築されている。そこで働く社員には効率的に仕事をこなしていくことが要求され、皆が組織の歯車として真面目に働いていれば会社は回っていく。

そんな環境下では、自分たちの事業が前提としている顧客の要望について誰も真剣に再考しようとはしないし、仮に現状の組織や業務のあり方に疑問を持つ者がいたとしても、ごく少数に違いない。要するに、一般的に良い会社と呼ばれるような企業に入社して、その一社で時を過ごせば過ごすほど、顧客志向の組織を築く力は得にくくなるということだ。加えて、プロ経営者との比較でいえば、その会社生え抜きの経営幹部には、組織と人を動かすためのレバーがたくさん用意されている。社内における個人的な人的ネットワーク、他者を凌駕する業務知識など、その会社に長く勤めることで得たものを利用して、陰に陽に人に働きかけることができる。敢えて「顧客のために」と声高に訴えかけなくても、組織を動かすことが可能だ。

何も皆が皆、会社を渡り歩くプロ経営者になれと言いたいわけではない。そんなことは現実的でもない。ただし、日本企業の経営者候補は彼らを見習う必要はあろうと思う。自社だけに閉じこもることなく、できるだけ多くの事業を見聞きする機会を作ること、その会社でしか通用しない知識を一度捨てて、顧客を起点に置いて組織を見つめ直すこと、そうした努力は今すぐにでも始められるはずである。

残り二つの**「情報指向性」**と**「組織構築力」**も、これまでに経験する場がなかったため、十分な開発がなされていないコンピテンシーである。経営者のサクセッションプランの一環として、日本企業の役員層を対象に人材アセスメントを行っていると、はたと気づかされることがある。言葉を選ばずにいうと、何とも情報収集が下手な人が多いということだ。多くの人が、本当に知りたいことが定まらない中で、思いつくままに手の届くところへ情報を集めに行こうとする。若手社員がこんな情報収集をしようとすれば、きっと上位者から怒られるだろうが、役員層になっても大差のないお粗末さである。どうしてなのだろうか?

正論から述べれば、情報とは仮説を検証するためのものだ。「きっとこうではないか」という自分なりの見立てを持って、その妥当性、正しさを確かめるために情報を集めなければならない。即ち、本当は情報収集の活動だけを切り取って巧拙を論じるのは筋違いで、そもそもどれだけの仮説を持てているのか否かを問うべきなのである。客観的に日本企業の役員層を見ていると、この仮説を設定するクセがついていないのだと思わされる。

一般論になるが、新しい物事を始めようとする時、将来について考えようとする時、人間は仮説を作らざるを得ない。確かな参考にできる事例が周囲にない状況なのだから、存分に頭を働かせて、先々に起こり得ることを想像するしかない。企業経営において、仮説を設定しなければいけない最たる局面を考えると、既存の戦略を見直すか、あるいは新しい戦略を組み立てる時であろう。

これまで多くの日本企業の内部を知る機会に恵まれてきたが、その経験から、戦略を大胆に変える経験を積んでいる人は極めて少ないと、自信を持って言うことができる。特に大企業になるほど、その傾向は顕著になる。実際に変えるまではいかないとしても、既存の戦略を疑いの目を持って見つめ直す経験すら、殆どの人はしていない。どちらかといえば、新規事業の立ち上げにあたって、新たな戦略を構想する経験をしたことがある人の方が、絶対数は少ないものの存在する。いずれにしても、企業内で仮説を構築する絶好の機会を、多くの人は享受できていない。残念ながらこうした状況では、まずは自分なりに仮説を作り、情報収集を通じて検証するプロセスのトレーニングを、実地で積むことが極めて難しいのである。**「組織構築力」**の低さについても、同じ点に原因を求めることができる。中長期的な戦略を実現できるように、全社の組織と仕組みを設計する。これが**「組織構築力」**の定義である。組織は戦略に従うという格言通り、最初に戦略があって、組織はそれを実現するための方法論として位置付ける考え方だ。まっさらなところから会社を設立するのでなければ、普通は組織や仕組みは既に出来上がっている。組織には慣性の法則が働くので、確かに会社を揺るがすような事態、大きな戦略変更などがない限りは、組織を再設計するまでには至らない。そして先に書いたように、日本の大企業では、抜本的な戦略の見直しといったことはそう簡単には行われない。故に、この**「組織構築力」**を求められることもなかったのである。

ところが、近年では少し様相が異なってきている。日本企業も、生き残りを賭け本腰を入れてグローバル化していかねばならない時代に入ってきている。日本を中心に考えていた経営戦略を、世界レベルで勝つための戦略に描き直そうとしている企業は少なくない。そうした企業は大抵において、グローバルなマトリクス組織への移行を試みる。事業を展開する国や地域ごとに最適な経営を行うとし、地域軸×事業軸（あるいは機能軸）のマトリクス型の組織に仕立て直すのである。

その思想こそ理路整然としたもので、欧米のグローバル企業には成功事例もあるのだが、

図表11 マトリクス型組織

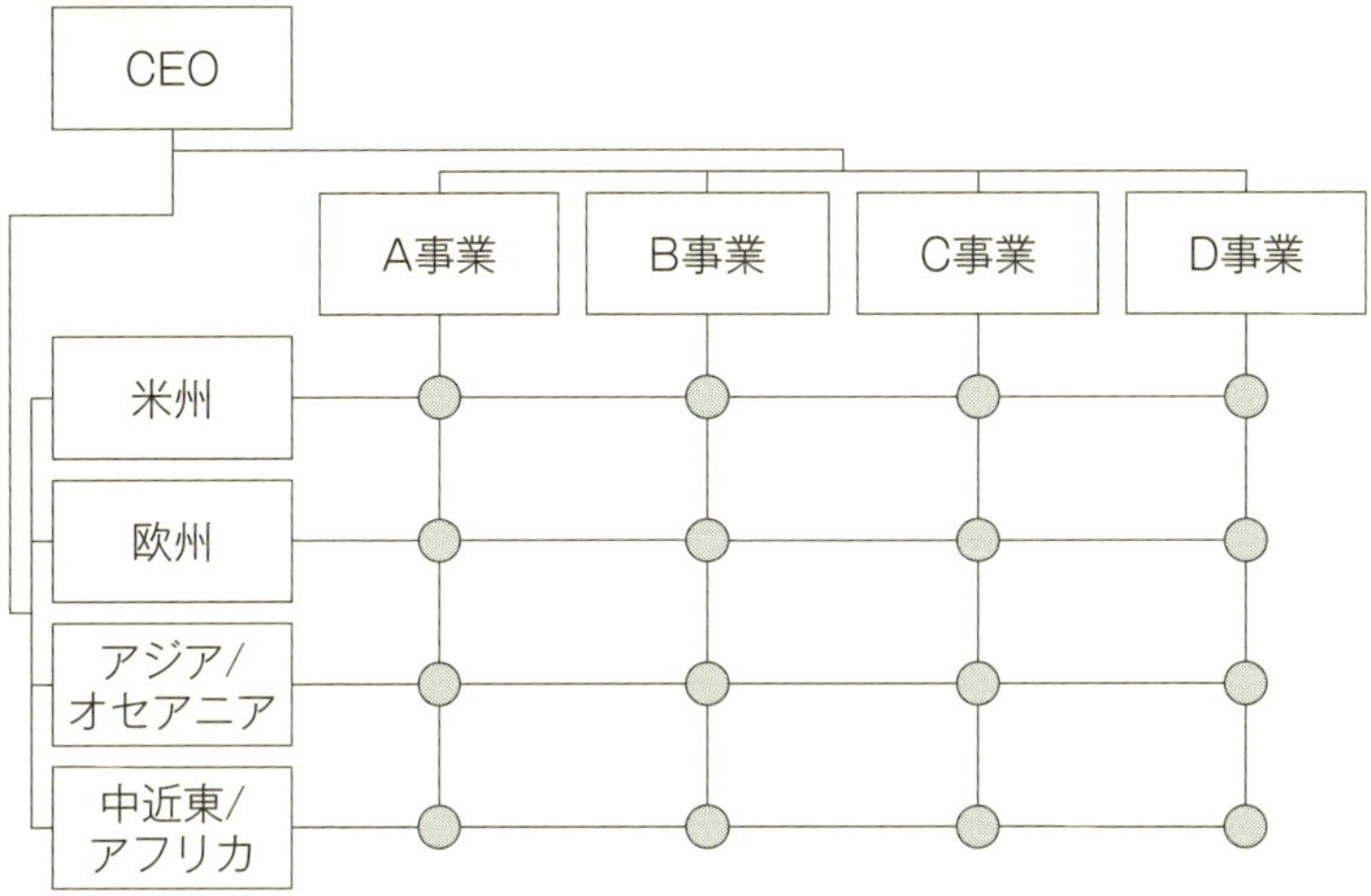

グローバルなマトリクス組織を成功させるのは至難の業といえる。単に組織の構造をいじくれば良いというものではなく、意思決定の仕組みや、社員の働き方・メンタリティーといったところまで変えることができなければ、大きな混乱を生じさせてしまう。

今のところ、日本でグローバルなマトリクス組織が上手く機能しているといえる企業は、まだまだ少ないのではないだろうか。マトリクスの形だけを模倣するのでなく、真に自社に適した形を見つけて出して組織と仕組みを再構築するという大きな課題が、日本の経営者には突きつけられている。経験がないことを、組織構築の力が弱い言い訳にはできない時代が、とうにやってきているのだ。

この章を通じて、感覚的にはイメージしていたであろう次代を担うべき経営者の姿を、かなり具体的に提示することができたと思う。現役の経営者が自分の体験を基に語っていた次の経営者像を、コンピテンシーで肉付けすることによって、より身近な形に具象化できたはずだ。しかし、将来を任せられる経営者の後継候補が、まだ十分には育っていないことも明らかになった。ただ幸いなことに、能力の不足は人材の質に起因するというよりは、経験の有無によって生じたものである。つまりは機会を与えて経験を積ませることで、能力伸長の可能性があるのだ。

遅きに失したと諦める必要はない、次の経営者を育てる時間は、まだこれから十分にあるのだから。

第3章

新しい事業を生み出す事業創造家

3-1 新しい事業を世に生み出す人々

新しい事業の創造というと、何も今に限った話ではなく、従来から常に議論されてきた経営テーマの一つである。昔から日本企業には事業開発室、新規事業部といった名称で、自社にとっての新規ビジネスを立ち上げることを目的とした部署が何かしら存在してきた。あるいは、会社の頭脳集団であるべき（実際はそうではなくても）経営企画部が、そうした事業創造的な役割を担っている企業も少なくない。

事業には必ずライフサイクルがあるので、中長期的に企業を成長させ続けようとすると、既存の事業だけに頼り切りというわけにはいかない。大なり小なり、新しい事業を創って収益の柱に成長させていく必要がある。それ故に、真剣さの度合いには各社において差があるだろうが、どんな企業でも新しい事業を創ろうとしてきた。このように、デジタル・トランスフォーメーションなどとは違って、とりたてて新規性の高いテーマではないものの、極めて現在的なテーマであることに疑いの余地はない。名だたる日本企業の中期経営計画などを見てみればすぐにわかるが、新規事業やニュービジネスといった言葉が一面に躍り出てきている。

実際、日本の大企業にコンサルティングを行っている中でも、「新しい事業を創れる人材がいない」「事業創造家が欠けている」といった声をどこかしこで耳にする。組織と人事にまつわるコンサルティングを生業としているため、人材不足という形で課題意識を聞くことになるのだが、それは即ち新しい事業を生み出せていない焦りの表れである。なぜ、これほどまでに日本企業で事業創造がホットな経営テーマになっているかを論じようとすると、とても興味深い話題であるものの、それだけで多くの紙面を費やすことになってしまうので、ここでは要旨だけを述べていきたい。

ごく単純化して語ると、これまで会社を支えてくれた既存事業がライフサイクル的に終焉を迎えつつある日本企業が多いということになる。業態によって終焉の意味合いは違ってくるが、ざっくりというと、これ以上の成長が見込める市場がなくなってきているか、収益を生み出すための構造が古びてしまい、コストに比して売上が上がらなくなっているか、そのいずれかに分類できる。そのどちらにしても、合理的に割り切れば、そうした事業を切り捨てる判断もできなくはない。しかし実際には、いろいろなしがらみもあって既存事業を一気に捨て去るわけにもいかないため、流血を最小限に止める努力を行いつつ、新しい事業探しにも取り組まなければいけない状況に追い込まれる。いわゆる〝攻めと守り〟を両立せざるを得ない日本企業が続出した、というのが概観であろう。その〝攻め〟を担える人材が社内にはいないというわけだ。

こう書くと、新規事業の創造に積極果敢に取り組む人材を採用する、もしくは社内で育成すれば済んでしまうように思えるが、事はそんなに簡単ではない。よくよく考えてみていただきたいのだが、新しい事業を世に生み出せる人とは、一体どんな人なのだろうか？　恐らく、大方はベンチャー企業の創業者や、かつてのiPhoneのような時代の先端を行く新商品を生んでヒットさせた開発者をイメージするだろう。日本の大企業に勤務する会社員とは大きく姿が異なる、エッジの立った人々だ。日本企業が事業創造家に対して抱いている人材イメージも、実際にはこの程度のものだ。しかし、自分たちが求めているのは果たしてそういう人たちなのかというと、そんな気もするし、何か違う気もする。「自社に必要な人材の具体像を、もっと真剣に詰めていかなければならないね」、大体こうしたところで議論が止まっている。

先ほど、日本の大企業でも新しい事業を創れる人材の不足が課題になっていると書いたが、この課題意識は必ずしも〝事業創造〟という文脈で語られるわけでもない。ストレートに「新規事業を立ち上げることができる人材がいなくて困っている」との声が寄せられるケースもあるが、全く別の言葉で同じ問題を語ろうとする会社もある。例えばR＆D、マーケティング、事業開拓など、こうしたキーワードが出てきたら要注意だ。本来はそれぞれで意味するところが異なるものの、新規事業にまつわる課題を指している可能性がある。

「これからの会社成長のために必要なマーケティング人材を検討したい」

ある大手の素材メーカーA社から、コーン・フェリーにこんなコンサルティングの依頼が舞い込んできた。A社が持っているいくつかの主力事業は世界シェアで3本指に入っていたが、市場自体が既に成熟しており、ここ数年は売上が全く伸びていなかった。その一方で、主力事業を運営していくためには、継続的に莫大な設備投資が必要となるため、収益性が向上することもなく、A社はじり貧の状態に陥っていた。この逼塞《ひっそく》した経営状況を打破しようと、A社は新たな成長戦略を作った。その戦略の要旨は、これまでに培った技術をベースにして、より付加価値の高い製品を生み出していこう、というものである。高付加価値の製品を創り出すことで、新たな市場を切り開くと同時に、高い収益性を実現しようとする目論見である。

付加価値の高い製品をどんどんと市場に出していくためには、マーケティング機能の強化が最大の課題であり、そのために人材も必要である。これがA社の考えであった。この点、もう少し噛み砕いて説明したい。化学品メーカーや素材メーカーに代表される装置産業では、需要が見込まれる国や地域に早いタイミングで進出して生産設備を整え、後は高い稼働率と品質を維持するというのが勝ち残るための条件である。設備投資額が、消費財メーカーなどでは想像できない位の金額となるため、早い内にその国や地域でシェアを獲ってしまえば、後発の他社は進出を諦めざるを得ない。A社も言うに及ばず、こうした戦い方でこれまで成長してきた。

このモデルで大事になるのは、生産設備を建設して維持する力、生産の効率と品質を確保する力、即ち生産技術の機能である。作り手の生産・供給能力がものを言う世界なのだ。その反面で、買い手のニーズを的確に捉え、それを取り込んで新たな製品の開発につなげていく力は全く不要とまでは言わないが、あまり重視されてこなかった。というよりも、これまでのA社の戦い方においては、そうした力が必要ではなかったのだ。ところが、いざ付加価値の高い製品を生み出していこうとすると、従前の生産技術機能を中軸としたモデルでは成り立っていかない。A社もそのことを自覚し、マーケティング機能の強化が命題である、と考えたのだ。そして、自社流のマーケティングができる人材の姿を明らかにしたい、と思うに至ったのである。

A社がこう考えた背景には、実は海外拠点における成功事例が存在している。数年前、A

社のある海外拠点は危機的な状況に陥っていた。日本以上に競争が激しかったこの海外市場では、A社の主力事業のシェアがどんどんと他社に侵食され始まっていた。もはや、既存の製品だけでは生き残れないことが誰の目から見ても明らかであった。窮地に追い込まれたこの海外拠点は、日本では予想していなかった活動を始める。拠点のトップが中心になって、組織ぐるみで新たな顧客の開拓を始めたのだ。顧客開拓の活動は、これまでのA社のメイン顧客とは全く異なるセグメントの顧客層にまで及んだ。そして、今までA社の顧客リストには全く並ぶことがなかった、新たな業種の顧客を次々と獲得したのである。

顧客層を変えるということは、製品の形を変えることをも意味している。この海外拠点でも、新たな顧客の開拓を進めると同時に、顧客ニーズを反映して新たな製品の開発にチャレンジしていた。無論、A社は素材メーカーであるため、既存の製品と180度異なる製品を生み出せるわけではない。あくまで自分たちが持っている技術を流用できる範囲に限定される。

つまりは、逃げ場がない状況に追い込まれたことで、この海外拠点は新たな顧客探しを通じた用途開発へと取り組んでいたことになる。そして、拠点トップの尽力によって、この海外拠点は見事に再び成長軌道を描くようになったのだ。

この成功を、日本の本社はマーケティングの成功事例として受け止めたようである。この際、マーケティングという言葉の定義は一旦脇に置いておくとして、先の海外拠点の成功例から考えると、A社が必要としているのは自社技術の新たな用途を開拓する機能であり、またそれができる人材ということになる。そうした仮説を持って、コンサルティングのプロジェクトはスタートした。ところが、A社の経営トップを含めて、主要な経営幹部にヒアリングをかけていくと、どうもそんな単純な話でもないことがわかってきた。

「その海外拠点で新しい用途の開拓ができたのは、組織が小さかったからです。組織の規模が小さいからこそ、自分たちが持っている技術や、接点のある顧客に関する情報を組織内で共有することができます。ところが会社全体で同じことをやろうとすると、あまりに組織の規模が大きく複雑になり過ぎて、社内のどこにどんな技術が存在しているのか、どんな顧客と接点があるのか、その全体像を把握することが極めて困難です。事実、それらをすべて把握している部署なんてないと思います。これは、マーケティングとは全く別の問題です」

「そもそも論になってしまいますが、当社には成長戦略というものが欠落しています。当社で戦略と呼んでいるのは、どの国や地域にどれだけの設備投資をして、幾ら位の売上と利益が見込めるのか、というものです。完全にプロダクト・アウトの発想で組み立てられた筋書きです。しかし、当社が新たに掲げた高付加価値な製品による成長を目指すのであれば、市場のニーズから考えるマーケット・インの発想が必要なはずです。会社として、その発想が欠けていることこそ、最も本質的な課題ではないでしょうか」

「新しい技術の開発に投資をしようとすると、即座に却下されてしまいます。また、面白い技術を持っている会社を買おうとしても、買収資金を調達するのはほぼ無理です。どれだけ、顧客が新しい技術を求めていると説得しようにも、当社の経営企画と経営者は首を縦に振ってはくれません。それはいつ利益を生むのか、その投資はすぐに回収できるのかと、矢のような質問が飛んできます。私にも、当社の既存事業の維持には多額の設備投資が要ることは良くわかっていますが、付加価値の高い製品を創り出すためには、将来を見据えた投資も必要なはずです。それが許してもらえないのは、なかなか厳しいものがあります」

いずれも一般の社員ではなく役員層から聞いた話で、A社の経営の実態を良く表していると思う。三者三様、それぞれバラバラのことを言っているようでいて、その実、根っこには通底している問題がある。それを要約すると、以下の三つになる。

（A）会社として新たな成長分野を決められていない
（B）そのため、将来の成長に向けた投資がなされない
（C）社内に技術が点在しているため、組み合わせによって付加価値を付けるのが困難

（A）と（B）は紛う方なき成長戦略論である。会社としてどこで成長したいか、どの分野に注力するかを公式に決めなければ、そこに投資が振り向けられるわけはない。とかく、既存の事業と違って、短期間では投資が回収できず、かつ回収の確度すら定かではない新規事業に対する投資は、経営の腹決めがなければ容易にできるものではない。全くリスクを取らずに新しい飯のタネを作り出そうとするのは、あまりに虫が良すぎる。A社には、本当の意味での成長戦略が存在しないのだ。高付加価値な製品を生み出す、だけでは単なるスローガンに過ぎない。

（C）はもう少し足元の話である。会社として能動的に新たな成長分野を決めることができていなくても、日々の顧客との会話の中から新たなニーズを拾えることもある。それを地道に実践したのが、先ほど紹介した海外拠点だ。多くの場合、顧客から寄せられる新しい要望というものは、手元にある技術だけでは対応できない。何か新しい技術を取り入れなくては解決できないからこそ、そこに付加価値が生まれるのである。ところが、A社では自分が所属する部門以外に、どんな技術が眠っているのか把握している人はいない。ひどいケースだと、自部門内ですらすべての技術を知ることが難しい。いわゆる技術の属人化というものだ。そのせいで、せっかく顧客から新たなリクエストをもらったとしても、自社で対応可能か判断できずに取り逃してしまう。とてももったいない話が続出している。

この（C）は独立した問題かというと、そんなことはない。（A）の成長分野を考えるにあたっても、大きな影を落としている。今後の成長分野を検討する際には、マーケット・インの発想で「どこで勝ちたいか」を考えることが大事だが、もう一方で「どこで勝てそうか」という自社の能力の冷静な見極めも欠かすことができない。ところがA社は、自社が有する技術の棚卸しができていないため、勝てる場所を見定めることができていない。SWOT分析のような、何とも観念的で具体性を欠いた議論にならざるを得ない状況にあるということだ。

こう見ていくと、A社が強化していくべきはマーケティング機能というよりも、以下の二つということになる。

①これからの成長分野を見定めて経営資源を投下する経営戦略の機能

②社内の技術を一元的に把握した上で、それらを顧客のニーズを結びつける、要はシーズとニーズのマッチング機能

①については、本来的には経営者の仕事だと割り切ってしまうこともできなくはないが、経営者一人でできるものでもないのも事実であろう。やはり、経営者の右腕ともいうべき参謀機能が必要だ。

②はA社だけに限らず、多くの日本の製造業でテコ入れが急務になっている機能である。製品が増えて会社が大きくなればなるほど、社内の技術分野は広がっていき、次第にそれぞれが専門特化していく。他所から見れば、部署名だけでは何の技術を取り扱っているか判断がつかず、同じ部署の中でも、隣の人が開発を進めている技術を知らない、こんなこともざらではない。

新製品の開発秘話を聞いていると、社内の技術をこれまでとは全く異なる用途に転用してみたら、予想だにしなかった価値を付加することができた、という事例が少なくない。用途転用だけではなく、その派生形としていくつかの技術を組み合わせる事例もある。そのいずれにしても、社内に存在する数多の技術の中には、金脈が眠っている可能性もあるということだ。もちろん、どんなに技術的な優位性を有するシーズであっても、顧客の求めているも

のと合致していなくては事業的な価値を持たない。だからこそ、社内の技術と顧客の双方を熟知し、上手い形で両者を接合させる機能が必要なのだ。

①と②を人材論の視点で切り取れば、成長戦略を構想するための経営参謀が不足している、社内の技術と顧客の両方に精通している人材がいない、ということになろう。当初、A社がマーケティング人材の不足として語っていた課題認識は、この後者に近いのだろう。事実、A社の海外拠点成功例は、生き残るために拠点トップが必死になって、新しい顧客のニーズを起点にした既存技術の用途開拓を進めてきた結果であった。「自社に必要なマーケティング人材とは？」という問いから始まった長旅は、高い付加価値を持った新しい製品（A社にとってそれは新規事業とイコール）を生み出すために強化すべき二つの機能と人材を特定することで終着した。この結論は、マーケティングという言葉からはおよそ連想できないものだ。ただ、このA社をお粗末だと言って笑っていられる日本企業はそう多くはないはずだ。コーン・フェリーのコンサルティング経験から、新しい事業を創造するために必要な人材の絵姿を具体的に描けている会社は、ここ日本においてはまだ少ないと自信を持って言える。

3-2 普通の人たちとの違い

日本企業は新しい事業を生み出す人材を欲してはいるものの、理想とする人材イメージを未だつかみ切れていない。それは人材論だけで片付けられる問題ではなく、成長戦略論に端を発する問題なのである。新規事業の成長戦略を描けていなければ、必要とする人材の輪郭がはっきりとしてこないのは、論理的に考えれば当然至極のことである。戦略が練れていない中で人材を追い求めようとすると、何でも良いから面白い事業のタネを見つけてきて収益化してくれる人といった具合に、どこかにいそうで、結局はどこにもいない人材を探し回ることになってしまう。喉から手が出るほど欲しいと思った時には、少し落ち着いて頭の中を整理しなければならないのは世の常だ。

事業創造家を巡る青い鳥狂想曲はこれまで見てきた通りだが、その一方で、新しい事業を創り出せる人材は日本にも確かに存在している。言わずもがな、新たに創造したい事業の方向性が全くない、羅針盤もないような状況の中で、とにもかくにも大海原に飛び込んで事業を創り出せる人材などはいない。万が一、もし世の中に存在していたとしても、そんな人がいたらとっくに有名人になっているはずだ。実際に企業の中で躍動している事業創造家は、そんな得体の知れないスーパーマンではなくて、もっと会社の意向に沿って新たな収益の柱となる事業を生み出す人々だ。そうした人たちは、決して超人ではないものの、明らかにその他大勢の社員とは異質なものを持っている。これ以降では、新規事業の創造に取り組んで成功に導いた人材の生の姿を描写していきたい。そして、普通の人たちとの違いもクローズアップする。

熱い信念と突破力で新しい事業を創る

新しい事業を創り出す人材は、一種の思い込みともいえる強烈な信念と、自分の考えを曲げずに猛進する突破力のようなものを持ち合わせているようだ。

まず初めに、ある通信事業会社で新規事業を立ち上げたB氏の話をしていきたい。

一般に、新しい事業が予定調和的に、すんなりと軌道に乗ることなどはない。立ち上げの過程で、何度か大きな障害にぶつかり、四苦八苦しながらそれらを乗り越えて成功を掴むものである。今では社内で新規事業創造の成功者と評されているB氏の場合も、その例外ではなかった。

B氏は、元々はこの通信事業会社が持っている、あるスポーツの実業団チームに入社したという異色の経歴の持ち主である。ところが、1年目で大怪我をしてスポーツ活動を続けられなくなってしまい、普通の社員として法人営業部署に配属になった。B氏はスポーツの才能だけに限らず、あるミュージシャンのライブを見て大いに感じ入り、自らもシンガーソングライターとして活動を始めてしまうといったように、熱い気持ちを持った人である。

B氏は法人営業部署で何年か過ごした後に、同社の事業開発部に異動になる。事業開発部では先輩の指導の下で、介護レクリエーションサービスの立ち上げに関与した。自らが主導したわけではなかったが、この経験を通じて新規事業の立ち上げについて体感できたことが大きかったとB氏は後に語っている。事業開発部での仕事は、好奇心が旺盛なB氏にとってとてもやりがいを感じられるものだった。そろそろ自分でも新しい事業の企画をしてみたい、と考え始めた時期に、今度は取引先へ出向することが決まった。出向先となったその取引先は、通信事業を営む自社とは全く異なる消費財メーカーだった。

B氏は出向先でビールの法人営業を行うことになったが、持ち前のバイタリティーを活かして、ある地域でシェアナンバーワンの結果を残し、一躍名を上げた。営業活動に勤しんでいる中で、B氏は「飲みにケーションの復活が、日本の経済活性化に貢献するはずだ」との考えを持つようになった。顧客と話をしているうちに、また社内の同僚と飲みに出かけるたびに、その考えは確信に変わっていった。

実は、元々は、B氏は仕事で人と飲みに出かけることが好きではなかった。仕事絡みの飲み会になると、どうしても心から楽しむことができなかったからだ。ところが、事業開発部に所属をしていた時に、自部署だけでなく関係する他部署の人たちと飲みに行くと、仕事が進めやすくなることに気付いた。飲みにケーションとは、楽しむためのものではなく、仕事をしやすくするための有効な手段なのだ、と考えるようになったのである。この経験こそが、飲みにケーションは日本の経済活性化につながる、という信念の出発点だったのだ。

最近めっきり流行らなくなってしまった飲みにケーションを復活させるために、何か新しいサービスができないものか。日々、色々と考えを巡らせているうちに、B氏は定額の飲み回りサービスを思い付いた。消費者が月々の定額を払えば、サービスに加入している店で一杯は無料でお酒が飲める、というサービスである。財布を気にせずに飲めるきっかけをつくることで、飲みにケーションを再興しようというアイデアだ。ぜひ、このサービスアイデアを事業として実現したい、その気持ちが日に日に高まっていった。

事業化をするためには、自分のアイデアを経営陣に届ける必要がある。しかし、出向してきたB氏は、消費財メーカーの経営陣とは人脈を持っていなかった。まずは、何とかとして経営陣に自分の顔と名前を憶えてもらわなければならない。そう考えたB氏は、なかなか思い切った行動に出る。この消費財メーカーでは、年に一度、全社員が出席する社内イベントが開かれる。その社内イベントの場で得意のジャグリングを披露して、同社の社長に自分を売り込んだのである。ここで、B氏の過去の経験が活きた。かつて、街角でシンガーソングライターとして活動をしていた時に、肝心の歌では聴衆の気を引くことができなかったため、ジャグリングも必死で覚えて人目を惹こうとしていたのである。昔取った杵柄さながらに、その時の練習の成果が表れた。なかなか面白いやつだということで、B氏の名前は社長の記憶に鮮明に残った。

この社内イベントをきっかけとして、社長直々に定額の飲み回りサービスの提案を行う機会を得た。社長を始め、新規事業の関係者からは一定の評価がもらえたものの、残念ながら結局は採用されなかった。その他にも有望な新規事業の企画が提案されており、投資の観点からB氏のアイデアは優先順位が低いと判断されたのである。結果を聞いたB氏は無念の気持ちでいっぱいであった。新しいサービスの社会的な意義を、十分に伝え切ることができなかった、そうした後悔の念に駆られた。

そうこうしているうちに出向期間が終わって、自らの籍を置いている通信事業会社に帰還することになった。所属部署は古巣の事業開発部である。出向先では失意で終わってしまったが、B氏は定額の飲み回りサービスを諦めることができなかった。日本の経済にとって絶対に意味があるはずだ、との信念が揺らぐことはなかったのである。B氏の反転攻勢は早かった。通信事業を生業にする自社だけではこのサービスは実現することができない。出向していた消費財メーカーと協業することが不可欠であった。B氏は、事業開発部のトップである部長と、消費財メーカーの社長とを引き合わせることで活路を開こうとした。ここでも、かつての努力がものをいった。

社内イベントで披露したジャグリングによって名前を憶えてもらっていたため、消費財メーカーの社長はB氏の面談依頼を退けることはなかった。かつて、B氏のアイデアが通らなかったのは、サービスの意義や理念といった理由ではなく、他の新規事業企画と比べた時にROIの面で劣っていると判断されたからだった。つまり、自分たちの投資額が少なくて済むのであれば、消費財メーカー側に異を唱える理由はあまりないのである。

両社の面談は成功した。通信事業会社がサービス開発にかかる資金面の責任を負うことで、定額の飲み回りサービスはようやく動き出したのである。一度は挫折を味わったB氏であったが、決して諦めることなく信念を貫き通したことで、一歩も二歩も前進することができた。この新サービスが軌道に乗るかどうかはこれからの勝負ではあるが、不屈の精神でB氏はどんな困難も乗り切っていくはずだ。B氏は今日も、自ら飛び込み営業を行ってサービス拡大に駆け回っている。

業界のプロであれ

もう一人、新規事業を創り出す専門家とも言える人材、C氏の話をしたい。C氏は情報サービスを主事業とする大企業に勤務している。入社して十数年来、新規事業の開発に携わってきた生粋の事業創造家だ。これまでに、新規事業を営む新会社を6社も設立した経験を持っている。C氏いわく、新規事業の開発に大事なのはスキルなどではなく、何よりもやる気と、高いアンテナを持っていることだそうだ。

C氏が最も得意としているのは、マスメディアの再編に絡んだ新規事業の開発である。得意というよりも、戦略的にマスメディアの業界に焦点を当てて勝負をしてきた、といった方が正しいだろう。月並みな表現にはなるが、C氏はとにかくフットワークが軽い。大企業の部長職であるにも関わらず、重々しく自分の席にどかっと腰を下ろしていることはほとんどない。時間があればマスメディア関係者と会う機会を設けて、外を飛び回っている。時には、直接的なビジネスにはつながらないと思う相手であっても、労をいとわずに会いに行く。部長を捕まえるのは至難の業、と部下が嘆くほどにどんどんと外に出ていく。

フットワークが軽いだけではなくて、情報をキャッチするアンテナの高さもC氏はずば抜けている。マスメディアに関する社外の検討会や委員会に積極的に参画して、生の情報をどんどんと仕入れてくる。その情報通ぶりは、マスメディアの事であればC氏に一度話を聞いてみるべし、という評判が社外でも立っているほどである。

「無駄な情報など何一つない。どこで、どんな情報が活きるかは、その時になってみないとわからない」

このC氏の言葉が、彼の行動原理を良く物語っている。

C氏の話を聞いていると、その好奇心の高さ故か、話題が発散しがちに感じられる。話題が次々とジャンプするので、凡人にはついていくのが大変だ。しかし、C氏の話に集中して耳を傾けていると、マスメディア業界の今後について、確たる見通しを持っていることがわかってくる。そして、その見通しは独創性が高く、核心をついていると納得させられるものである。C氏の語る将来を信じてみたい、いつの間にか聞き手はそんな気持ちにさせられる。独自の将来観を雄弁に語ることができる特異な能力も、新規事業を生み出す上で明らかに役に立っている。この人に賭けてみよう、この人と一緒に働いてみたい、そういう共鳴者を持つことができなければ、新しい事業は創り出せない。

これまでの仕事の経験から、新しい事業を長期的な成功に結び付けるための哲学があるとC氏は言う。**自社のことだけを考えて取り組んでいると上手くいかない。社会的な課題を解**

決するために新たな価値を生むことを志向すべき、社外のパートナーとの信頼関係を重視すべき、という哲学だ。今までに何度か、自社の収益を優先的に考えてしまったため、事業開発に失敗してしまった経験があるそうだ。自社都合になってしまうと、首尾良く新事業を立ち上げられたとしても、長続きはせずに、早々に撤退せざるを得ない状況になってしまう。それを経験から学んだそうだ。C氏の最たる成功例ともいえる事業は、衰退してしまった既存メディアの再生に社会的な意義を見出し、自社だけでなくパートナー企業の繁栄も意図したものであった。己の哲学に忠実に従ったことで得た成功であった。

「新規事業を創り出す人は、業界のプロでなくてはならない」

C氏の言葉には、事業創造家を育てるにあたっての重要な示唆が含まれている。

「自分が全てを賭ける業界を決めて、その業界に誰よりも精通しようとする覚悟が要る。どうも、そのことがわかっていない人が多いように思う。新たな発想を生み出すためには、何でもかんでも経験させた方が良い、世間にはそういう風潮があると感じるが、それは大きな間違い。情報や人脈は広ければ広いに越したことはないが、それは自分が勝負する業界を決めた上での話だ。日本の会社は積極的にローテーションを行うところが多いが、ローテーションは新規事業を開発できる人材を育てるにはマイナスになる。じっくりと腰を据えて、ある一つの業界に向き合おうとすると時間がかかる。ころころと配属を変えるのは得策ではない」

事業創造家が優れている力

新しい事業を構想し収益化できる人材を育てていきたい。大手通信機器メーカーのD社からコーン・フェリーにこんな依頼があった。D社からは、過去に有名な新製品や新サービスが生まれていたが、ここ数年は世間の注目を浴びるような新事業が生み出されておらず、業績も湿りがちであった。D社では、かつて新事業を成功に導いた人材が社外に流出してしまい、人材が不足していることを課題視しており、コンサルティングを依頼してきたのだった。

人材を育成するにも、あるいは採用するにしても、どんな力を持った人材が必要なのかを見極めなければ前には進めない。そこで、取り組みの第一歩として、D社で新しい事業を創り出す人材はどんな力が優れているべきなのかを調べることになった。調査の手法は、D社内で新規事業の創造に成功したことがある社員を20人ほど選び出し、インタビューを実施してどんなコンピテンシーが優れているのかを診断する、というものである。また、彼らと他

図表12 D社におけるコンピテンシー診断結果　類型別の平均スコア

	定義	①新規事業の創造に成功した人		②既存事業の高業績者
		①-1事業構想人材	①-2事業化人材	
リーダーシップ	ビジョンを示して浸透させ、組織全体を効果的に動かす	3.1	3.4	3.2
チームワーク	メンバーを尊重し、チームの円滑な運営を促進する	2.8	3.2	3.1
達成指向性	チャレンジングな目標を設定し、粘り強く諦めずに取り組む	3.1	4.1	3.7
顧客志向性	サービスを受ける顧客のニーズを察知し、それに応える	4.4	4.3	3.6
自信	周囲の反対や困難に振り回されずに自分の考えを貫く	4.5	3.5	3.1
イニシアティブ	将来のチャンスやリスクを予見し、先んじて対応する	4.7	4.5	4.3
フレキシビリティ	状況変化に応じ、方向性を変えて対処する	2.3	2.6	2.5
誠実性	自分の信念や価値観に基づき行動する	3.3	1.9	1.8
分析的思考力	原因と結果の因果関係を分析し、対応策を練る	2.5	3.6	3.2
概念的思考力	パターンを見抜いたり、考えをつなぎ合わせて洞察を得る	4.7	2.8	3.0
情報指向性	質・量の両側面から、必要な情報を収集する	4.3	4.1	3.4
組織認識力	組織内の力学や風土を見抜く	2.2	3.3	3.1

■ 最小値からの差分が1.0以上
■ 最小値からの差分が0.5以上1.0未満

の社員との違いを明確にするために、新規事業の開発に携わったことがない社員10人にも同様のインタビューを実施し、比較対象にすることとした。ただし、単に能力の多寡を明らかにしても意味がないため、比較対象に選んだのは、既存事業で高い業績を上げている社員に限定した。この総計30人を対象としたインタビューによるコンピテンシー診断調査を通じて、極めて興味深い事実が判明した。

図表12がその診断結果を表したものだ。第1章でも紹介した、どんな職種・階層にも適用可能なジェネリック・コンピテンシーの22項目の中で、インタビュー対象者に共通的に見られた12の項目について、診断スコアを記載している。横軸をご覧いただきたいのだが、実は新規事業の創出に成功した人材には、二つの類型が示されている。この調査を通じてわかったことの一つは、一口に事業創造家といっても、二種類の人材が存在するということだ。その片方を**「事業構想人材」**と名付け、もう片方を**「事業化人材」**と名付けることにした。

「事業構想人材」を一言でいうと、新しい事業のタネを見つけてきて、事業アイデアとして構想する人たちである。社内外を問わず、常に何か面白い事業のタネがないかと探し回って、これはいけそうという仮説を持つに至ったら、新規事業のプランを組み立てる。そんな事業構想人材が特徴的に高いレベルで持っているコンピテンシーは、**「自信」「誠実性」「概念的思考力」**の三つであった。

この類型に分類される社員の話を聞いていると、新規事業を生み出す過程において、多かれ少なかれ周囲の反対や批判的な目に晒される経験をしていた。そんなの売れるはずがない、もし失敗したら会社の評判に傷がつくから止めるべきだなど、関係各部署のみならず、時には経営陣からさえも否定的な反応を示されていたケースもあった。しかし、彼らは自分のアイデアは成功すると信じてめげることなく、最終的には事業化に漕ぎつけているのだ。中には、何度も新規事業の企画が却下されたにも関わらず、3年越しで企画を通そうとトライし続けて、最後は経営陣が根負けしたという話もあった。これは、コンピテンシーの**「自信」**を高いレベルで持っているがためになせる業である。

もう一つ、事業構想人材の特徴として見られたのは、**首尾一貫した言動**である。正確には、自分の信念に沿ったぶれない言動、と言った方が良いだろう。彼らは、自分の事業アイデアに揺るがぬ信念めいたものを持っているように思える。

「自分の考えている新しいサービスが世の中に受け入れられないわけがないと確信していた。時代がこのサービスを求めていると自分にはわかっていた」とインタビューで語っていた社員を今でも思い出す。実際には、市場調査の結果が芳しくなかったりして、凡人であれば自分に疑念を持っても不思議ではない状況もあったのだが、そんなことなどお構いなしに、新サービスの意義や必要性を訴え続けて成功を勝ち取った。妄信ともいうべき己の考えを持ち、どんな困難があってもそれに忠実に従って行動すること、まさに**「誠実性」**を体現していたのである。

「概念的思考力」については、第1章でも第2章でも触れてきた。独創的な思考を行う上では、必須のコンピテンシーである。事業構想人材にインタビューを行っていると、話の中に比喩が多く用いられていることがわかる。「〇〇みたいな」、といった具合に、自分が語りたい内容をもっとわかりやすい別の言葉で正確に伝え切ることができる。**概念的思考力**は物事を抽象化して捉える力のため、類推を支える思考力だということもできる。つまり、**概念的思考力**が高い人というのは、アナロジーが大の得意なのだ。さまざまな比喩表現を用いて、自分の考えをある時には相手に活き活きと、またある時には印象深く話すことができる。そもそも、新規事業に独創性はつきものである。他社の後追いや、先行事例が存在しているものでは、真に価値のある新規事業とは呼べない。事業構想人材にとって概念的思考力が重要なのは、議論の余地がない当然のことである。

もう一方の**「事業化人材」**とは、新しい事業のアイデアを確実な収益源に仕立て上げていく人たちだ。きちんと収益を生み出せるビジネスモデルを具体化して、事業運営の体制も築き上げていく。先述の事業構想人材の夢想家的な性格に比べると、もっと実質的で商業的な人種だといえるかもしれない。

要するに、アイデアを単なる夢で終わらせることなく、お金に変えていける人たちだ。彼らが共通して高いレベルで持っているコンピテンシーは、**「達成指向性」「分析的思考力」「組織認識力」**である。

「達成指向性」というコンピテンシーは、事業を運営する人間には必須のコンピテンシーである。中庸なレベルでは事業目標の達成に執着する行動を意味するが、高いレベルになると、コストとリターンを冷静に計算して事業目標と計画そのものを組み立てる、という行動に遷移する。事業化人材には、事業アイデアから収益というリターンを確実に引き出す力が求められる。事業計画を組み立てるには、それ相応の経験が要るものだ。その事業が収益を生み出すまでのモデルを構想し、事業運営に要するコストを洗い出した上で、どれだけの収益を得ることができるかを試算する。こうした技能を持っていなければ、実業で役に立つ事業計画を作成することができない。事業化人材には、かつて何らかの形で事業計画の検討に関与した経験を持っている人が多い。このことは、**「達成指向性」**を高いレベルで発揮しようとすると、その土台として経験から学んだ事業計画に関する技能が必要であると意味している。

先に、事業構想人材は**「概念的思考力」**を高いレベルで有していると書いた。これに反し、事業化人材は**「分析的思考力」**を高いレベルで有している。もしかすると、この思考様式の違いが、両者の違いを象徴的に表しているのかもしれない。事業創造人材の役割を端的に言えば、新規性が高く、面白い事業のアイデアを考えることである。その役割を果たそうとすれば、必ずどこかで創造的で非連続的な思考をしなければいけない。そのような思考様式を持ち合わせていない人は、事業構想人材としては失格だといって良い。

事業化人材の場合はどうだろうか。彼らの役割を考えると、創造性や非連続性は邪魔にはならないが、それよりも大事な思考様式がある。

事業アイデアを収益性という冷静な目線から分析して、緻密な計画を組み立てる論理的な思考ができない人には、事業化人材は務まらない。皆が皆、事業創造家的な斬新な発想ばかりを追い求めていたら、いつまでたっても事業として成立しないのは火を見るよりも明らかである。両方の思考様式、**「概念的思考力」**と**「分析的思考力」**のいずれも高いレベルで有している人がいれば何の問題もないのだが、どちらかに偏ってしまうのが実際である。加えて日本社会においては、双方のバランスを見た時に、分析的思考力に偏っている人の方が多いことがコーン・フェリーの調査から明らかになっている（その原因には、先天性だけでなく教育の問題などが複層的に絡み合っていると思われ、とても興味深く、いつか研究してみたいテーマだ）。

以上のことから、事業構想と事業化のどちらにも対応できる人材は、この世にはあまり存在していない、という事実がわかる。

D社における調査で、幾つか面白い発見があった。その一つが、新たな事業を生み出す人材には、これまでに見てきたように二種の類型が存在することである。そしてもう一つは、今から記そうとしている、事業化人材には**「組織認識力」**というコンピテンシーが重要だということだ。インタビューをしていると事業化人材に分類される社員は、D社内における組織力学や、社内のキーパーソンに関する知識というか、引き出しが多いのに驚かされる。「この手の事案であれば、○○部長を押さえておかないと前に進まない」だとか、「この技術であれば○○さんに話を聞けばわかるはずだ」といったように、事業を形にするにあたって、社内のどこに話を通しておくべきなのか、誰を巻き込んでおくのが肝要なのかを熟知している。そして、言い方が悪いかもしれないが、彼らは実際に社内で適切に立ち回ることができている。

何だか、事業創造という言葉からはかけ離れた、いかにも会社人間的な能力に思えるかもしれないが、事業化人材にはこの**「組織認識力」**が必須なのである。

少し考えてみていただきたい。誰かがどんなに有望な事業のタネを見つけたとしても、一人の力だけで事業を軌道に乗せることは不可能である。社内の各所に存在しているさまざまな有形・無形の資産を組み合わせて、いろいろな社員の協力を仰ぐことができなければ、企業の中で新規事業を起こす意味がない。さはさりながら、仮に経営陣から新規事業の創出が重要課題である全社にメッセージがあったとしても、それだけで社員全員が積極的にサポートしてくれるとは限らないのも会社の現実だ。事業化人材に、あの手この手を使って社内の協力を引き出して、連携体制を築かなければならない。それを支えるのが、**「組織認識力」**なのである。

二種類の事業創造家、それぞれが優れているコンピテンシーを眺めてきたが、ここで改めて一般の社員との違いについて論じていきたい。図表12を見るとわかるのだが、既存事業で高い業績を上げている社員と、二種の事業創造家とを分けているのは主に**「顧客志向性」**と**「情報指向性」**である。よくよく考えてみればその理由は明白だ。事業構想人材にせよ、事業化人材にせよ、まだ存在していない新たな事業に関わるという点で違いはない。どんなものであれ、新たな製品やサービスを生み出そうとすると、それらを購入してくれる顧客について考えを巡らせる行為を欠かすことができない。そして、顧客が求めているもの、顧客が価値を感じて対価を支払ってくれることを正しく知ろうとすれば、市場調査のような形での深い情報収集が必要になる。一方、既に存在している事業では、ビジネスモデルが出来上がっているため、余程のことがない限り、顧客のニーズについて本質的に踏み込んで考える機会は滅多にない。D社の場合、既存事業に関わる社員は、顧客に対する関心が希薄であるとまでは言わないが、効率的な業務運営やスピーディーな課題対応に対する意識の方が明らかに高い。この違いが、コンピテンシーにおいて事業創造家との相違を生んでいる。

もう一つ、図表12を俯瞰していると気づくことがある。（P134図表12参照）既存事業の高業績者と事業化人材とでは、コンピテンシーの特徴に近いものがあり、事業構想人材とは大きな隔たりがあるということだ。もちろん、事業化人材の方が高いレベルとなっているコンピテンシーはあるのだが、ある程度の連続性が確認できる。しかし、事業構想人材との比較になると、**「自信」**や**「誠実性」**、**「概念的思考力」**のように、かなり非連続な差分が存在している。この結果は、新しい事業を構想し収益化できる人材の育成について考えるにあたり、重要な意味を持っている。

コンピテンシーに幾分のレベル差はあるものの、連続性が認められるというのは、頑張れば開発が可能なことを示唆している。つまり、既存事業の高業績者であれば、鍛え方次第で事業化人材になり得る。付け加えると、**「組織認識力」**などは、社内に精通していることが鍵となるコンピテンシーであるため、外から採用した人材よりも、社内にいる人材の方が勝っていると考えた方が自然である。この点を鑑みると、社内で事業化人材を育てていった方が、成功の確度が高いといえそうだ。ところが、事業構想人材に育て上げることができるかといえば、それはかなり難しい。極端な話、既存事業の人材とはコンピテンシーの面で人種が異なるのである。無理に育成するよりは、そもそも事業構想に適した人材を探して持ってきた方が良い、というのが合理的な判断になる。D社の事例からは、事業創造家と呼ばれる人々が優れている能力だけではなく、彼らを育てる際の指針についても学ぶことができる。

3-3 彼らが活躍するために必要なこと

幸いなるかな、日本企業が新しい事業を創造する力を持った人材を見つけられたとしても、彼らが必ず活躍できるという保証はどこにもない。これまでにない、新しい事業をものにしようというのだから、それだけでも多大な困難がつきまとうことは想像に難くない。新規事業に成功する確度というものは、かなり低いというのが周知の事実である。それだけに、事業創造家がその力を惜しみなく発揮することが大事になるし、企業側は彼らをあらゆる面で支援していかなければ、成功確度は一向に上がらない。せっかく見つけた事業創造家が成果を上げるために、日本企業は何を考えるべきなのだろうか？

「どうも、会社は万能な人物を求めすぎていると思います。新規事業の開発を、独力で成し遂げられる人が欲しい、そう考えているようです。事業シーズの発掘と具現化、その両方を同一人格に求めている感じです。しかし、私自身もそうですが、他社で新規事業に成功した人を見ても、両方ができる人物を見たことはありません」

先ほどの項（3－2）に登場したC氏はこう指摘する。

「積極的にどんどんと外に出て行って新しい事業のタネを見つけてくる人と、地道に粘り強くタネを事業化まで持っていく人を、分けて考えていかないと上手くいきません。私は明らかに前者で、後者の事業化に長けた人とペアを組んでやっています。最初は全部一人でやろうとしていたのですが、最後までなかなかたどり着けないことが多く、試行錯誤している中で自分の得手不得手がわかってきました。ペアを組むというのは私の経験則ではありますが、他の会社も見ていると、新規事業を軌道に乗せたところでは、チームもしくはペアといった形で、人の組み合わせを考えているよう思えます。自分の見聞きした範囲ではありますが、事業開発に関しては全てを一人でこなせる人物などいないようです」

このC氏の経験談は、一つの真理を物語っている。D社の事例も思い出してもらいたい。計30人を対象にした調査からわかったのは、ひとえに事業創造家といっても、事業アイデアを構想する人材と、そのアイデアを収益化する人材とは別種であるということだった。二つの話はある点において完全に符号している。新しい事業の創造の成功を、たった一人の人物に押し付けてしまってはいけないのだと。日本企業は、そのことを十分に学ばなければいけない。

日本企業が事業創造家を欲している場合、念頭にあるのは事業構想人材に近いイメージのようだ。社内の既存人材との違いが大きいからこそ、欲しい人材のイメージは事業構想人材に寄っていくのだろう。そして、実際に外から採用したがるのも、新しい事業シーズを探し当てることができるエッジの立った人材である。それはそれで良いとして、問題は彼あるいは彼女に、事業開発の全ての役割を期待するところにある。同じ新規事業というテーマの枠内ではあるが、攻めが専業の人に守りまでやれ、と言っているのと大差ない。かなり無理筋な要求である。

もしも、事業構想人材の色彩が強い人物を採用したならば、収益化の道筋をつけることができる人材と組み合わせるか、あるいはチームとして事業化を補完していくべきだ。賢明にもこの要点をわきまえている日本企業も存在する。ある会社では、その業界では名が知れている事業創造家を社外から採用した。そして彼の下に、社内で優秀と評されている中堅を二名配置するという人事を行った。これには、この中堅二名に事業創造のやり方を学ばせる狙いもあったが、それ以上に、社内での評判が良く、広い社内人脈も持っている中堅に、事業創造家のアイデアを実現するサポートをさせる、という大目的があった。社外から採用した人物の、個性が際立っているが故に不得手としているところを、人材の組み合わせによってカバーしていこうとする好例といえよう。

庇護してくれる上位者の存在。もう一つ、事業創造家が活躍するための条件である。

D社をはじめ、新規事業の創出に成功した人たちの多くが、経営陣や周囲からのプレッシャーから体を張って守ってくれた上位者の存在を語っている。ある精密機器メーカーからの依頼で、新規事業の成否に影響を与える組織的な要因について調べたことがある。新規事業を生み出すことができた事業部と、なかなか成功せずに難儀している事業部の違いを比較検証したのである。組織風土、事業開発のプロセス、目標の立て方など、幾つかの面で双方に違いが見られたが、最も顕著な違いがあったのは事業部長のリーダーシップであった。

成功している方の事業部は、事業部長自身がかつて新規事業を創造した経験の持ち主だった。この精密機器メーカーにおいて、まだまだ新規事業という言葉が耳慣れなかった時分に、既存の事業に頼り切っていてはいつか成長が止まるという課題意識を強く持って、誰から言われることもなく事業開発に取り組んだ人物である。当時、経営陣をはじめ多くの人が新規事業の必要性を感じていなかったため、周囲のサポートを得られないどころか、時には抵抗を受けて難儀したそうだ。かつて自身が苦しんだ経験から、この事業部長は新しい事業を生み出すためのリーダーシップのあり方を学んだとのことだ。

「組織には慣性の法則が働くもので、放っておくと現状を維持しようとします。そのため、新しい事業を始めるためには、組織のトップがその必要性を口酸っぱく言い続けなければなりません。ただ、それだけでは十分ではありません。幾ら言っても、人も組織も既存の事業に引っ張られていきます。本来は、新規事業の創造と、既存事業の運営は全く別物です。期待値の持ち方、目標の立て方、仕事の進め方など、あらゆる面で全く異質なのです。ところが、多くの人はそれを理解していません。当社の経営陣も、十分に理解しているとは言えない状況です」

「ですので、私の役割は既存事業から新規事業を切り離すことだと思ってやっています。新しい事業を創り出そうとする努力が、既存の事業に引っ張られてしまわないようにするのは、自分にしかできない仕事です。新規事業に対して、経営陣が他事業と同じ短い時間軸で成果を求めてくる場合には、きちんと説明をして待ってもらわなければなりません。なかなか新規事業に成功の糸口が見えてこないと、部下も既存事業の方に逃げようとします。そういう時に、部下にハッパをかけて最後まで頑張らせる。単純な事に聞こえるかもしれませんが、それも私の大事な役割なのです」

もう一方の、新規事業の開発が上手く進んでいない事業部の長はどうかといえば、全くの真逆で、既存事業と変わらないマネジメントをしてしまっていた。経営から降りかかってくる、早く成果を出せというプレッシャーを防ぐこともせず、部下には細かなプロセス管理を強いていた。また、事業部長本人が新規事業を開発した経験がないために、ここを掴んでおけば大丈夫という勘所がわからず、部下には逐一の説明と報告を求めるマイクロマネジメントを行っていたのである。これでは、新しい発想も生まれてこなければ、有望な事業のタネがあったとしても、花が咲く前に潰されてしまうのは想像に難くない。この精密機器メーカーの例は、新しい事業を生み出す上では、組織における上位者のリーダーシップがいかに大切かをわかりやすく示している。事業を創造しようとする者に降りかかる苦労を理解し、時には庇護し、時には叱咤激励をするような上位者の存在が欠かせないのだ。

多くの日本企業を見ていると、新しい事業の創造というテーマについて、少し落ち着いて考えてみるべきだと思う。いきなり人材不足を嘆いてみても始まらない。先ずは自分たちが追求する新しい事業の輪郭をはっきりさせて、そこに必要な人材の絵姿をイメージするのを怠ってはいけない。また、優れた事業創造家を連れてくれば成功が保証されるわけでもないことも、会社側は自覚しなければならない。多くの事例が物語っているように、たった一人の力だけでは新しい事業を生み出すことはできない。事業創造家を中心にして、難産に耐え得る組織を整えていかねばならないのである。

第4章

デジタル・トランスフォーメーションを実現する人材

4-1 デジタル・トランスフォーメーションという幻想

いつの時代にも、企業経営ではその時の世相を反映したビッグワードというものが存在しているものだ。Ｗｅｂマーケティングの世界にもビッグワードという言葉があるが、ここでは一見それらしいものの、とても抽象的でさまざまな解釈を読んでしまうような、茫漠《ぼうばく》とした経営用語のことを指している。何となく正しいことを言っているようで、実際にはあまり具体性がなく、何も指していないケースすらある言葉だ。時代を少し遡ると、日本のどこかしこで〝グローバル化〟というビッグワードが躍っていた。多少なりとも海外で事業を展開している会社であれば、経営計画をはじめ社外に公にしている文書、また社内における検討資料に、グローバル化という言葉が全く書かれていないのは珍しいことだった。しかも、グローバル化が我が社の命運を握っていると言わんばかりの力の入れようで、計画の中で堂々たる地位を占めていたのだ。

感覚的には言わんとしていることがわからないでもないが、何をすることがグローバル化なのか、具体論がちっとも見えてこないことの方が多い。海外の売上比率が日本のそれを上回ることを指しているのか、非日本国籍の従業員の数が日本国籍の従業員数を超えることなのか、はたまた海外で新たな事業を作ることなのか、グローバル化が意味する内容は一向に明らかになっていない。笑い話になるが、役員が集まる会議で「自社にとってのグローバル化を考えよう」という、いかにも支離滅裂な会社すら見たことがある。さしたる意味はなくても、それを言っておけば、書いておけば誰も否を唱えることがない、まるでご宣託のような有難いものがビッグワードなのである。

そして現在では、〝デジタル・トランスフォーメーション〟（第1章と同様、これ以降はDXと略する）が、ビッグワードの主役に躍り出ている。各種のビジネス誌はDXの時代が到来したことを高らかに伝え、情報通信を生業とする企業はもちろんのこと、金融業や消費財メーカーまで、今やDXについて全く関心がない会社は数少ない。そこまで時代の寵児にのし上がったDXではあるが、第1章にも書いたように、それが意味することを正確に語れる人に出会ったことがない。あるいは、もしかするとDX自体がまだ実態が伴っていない、霞がかかった概念論でしかないのかもしれない。仮にそうしたものだとしても、多くの日本企業がDXに夢中になり、真剣に取り組んでいこうとしているのは疑いのない事実だ。落ち着いて考えてみると、得体の知れないものにこれだけ躍起になるというのも、不思議といえば不思議な話なのだが…。

日本企業がＤＸに取り組もうと腰を上げると、ほぼ例外なくＤＸを実現できる人材を探すことから始めようとする。デジタルに精通し、かつ変革まで起こせる人材なんて自社にはいないだろう、そういう頭があるからこそ、外に人材を見つけようとするのである。そうして、コーン・フェリーのようなハイクラスの人材サーチを行っているコンサルティング会社に、人材探しを依頼してくるのだ。エグゼクティブクラスと呼ばれる企業の経営者や役員層、財務や法務といった高度な専門性を必要とする機能部門の長を対象とした人材サーチを行う場合、クライアントである企業がどんな要件の人材を欲しているのか、そこを正しく理解することが肝心である。会社の浮沈に甚大な影響力を持つポストの人探しをするのだから、要件を煎じ詰めるのが極めて大事なのはいうまでもないだろう。同じＣＦＯ（Chief Financial Officer）というタイトルであっても、会社によって役回りは異なるし、必要とされる資質も必ずしも同じではない。本来求めているのとは違う人材を採用してしまった場合、会社と個人の双方に不幸な結果が待っているのは想像に難くない。

コーン・フェリーが人材サーチの依頼を受ける際、大体においてクライアント側で欲しい人材の要件が既に明確になっているか、仮に最初は明確でなくても、話を聞いているうちに輪郭が定まってくるのが通例である。ところが、ことＤＸ人材を探すとなると様子は相当に異なってくる。これ以降では、外からでは窺い知ることができない、日本企業のＤＸ人材探しの赤裸々な実情について、できるだけ生々しい形で記していきたい。日本の企業が、ＤＸという幻想にどれだけ振り回されているのか、その一端がおわかりいただけるはずだ。

ＤＸ人材を探して欲しいという依頼が企業から来る場合、経営層が煮詰まっていない、漠然としたリクエストを部下に出しているパターンが極めて多い。

「わが社もＡＩを活用して新しい価値を生み出さねばならない状況に来ている。だから、よろしく進めて欲しい」と、社長から役員へ指示が飛ぶ。

指示を受けた役員は、正直なところわかったような、わからないような腑に落ちない気持ちを抱きながら、とはいいつつも反論や議論などすることなく、「わかりました」とその指示を一旦は飲み込む。そして、社長から受けた指示を噛み砕くことなく、そのまま部下に対して振ることになる。話を振られた部下も、疑問を感じつつも訓練された組織人としてそのまま指示を受け取る。その部下は、経営層は恐らく社内にはいない人材を探しているのだろうと考え、とりあえず人材サーチを行うコンサルティング会社に話を聞いてみるべく声を掛ける。

多少のデフォルメはあるものの、日本企業のＤＸ人材を探す旅は、大体がこうした経緯で始まる。その原因はシンプルで、リクエストを出した経営者がＤＸ人材をどのようにビジネスに活用するのか、ということを考えられていないためだ。また、部下たちも同様にそのことを理解できていないにも関わらず、上位者にそれを質すこともできないため、結果として「弊社としてはＤＸ人材が欲しいのです」という、言っている方も聞いている方も釈然としない話になってしまう。ＤＸ人材だけに限らず、日本企業からの依頼にはデータ・サイエンティスト、チーフ・デジタル・オフィサー、チーフ・データ・オフィサーなどの名称が使用されるが、いずれにしても状況は似たり寄ったりだ。要するに、流行の技術を導入して何らかの新しい動きをしていきたいが、手段と目的の明確化ができておらず、またこの分野の知見や経験も不足しているため、どんな名称を使おうが「デジタルに長けたスーパーな人材」という人材要件になってしまう。

こうした会社では、自分たちの能力を超える何かを会社にもたらしてくれるすごい人が欲しいというような、救世主待望論が人材ニーズとなって表れているともいえる。しかし、少し考えてみればわかることだが、そんなスーパーマンは世の中には存在し得ない。そんな単純なことが、デジタルという世界に踏み込んだ瞬間に頭の中から吹き飛んでしまうようだ。本来、人材探しであるべきなのは、どこにも見当たらない完全な人間を探し出そうとすることではなく、どんな経験や専門性、能力を重視するのかを決めて、そのパズルに当てはまる人材を見つけ出すことである。人間は不完全であることを前提にして、会社が必要とするピースとしてばっちりとはまる人材を探し出せるか否かが勝負を決める。とはいいつつ、ことDX人材になると、自分たちはどんな形のピースを求めているのか、皆目見当もつかない会社が圧倒的に多いのが日本の実情なのである。

4-2 結局、日本企業にはどんなデジタル人材が必要なのか？

ＤＸ人材を巡る日本企業の拙《つたな》い姿は以上の通りだが、中には紆余曲折を経て自社が必要とする人材の姿を何とか見出した企業もある。そもそもＤＸ自体がビッグワードであり、それが意味するところは決して一様ではないため、それぞれの会社が真に求める人材像をきれいに一般化することもまた無理である。さはさりながら、日本の企業がどんな議論を経て、どういう答えに辿り着いたのかを知ることは、多くの人にとって今後に活かせる学びがあると思う。この項では、現状ではまだまだ数が少ないＤＸ人材採用の成功事例について、３社ほどのケースを見ていきたい。

中堅製造業のAI人材探し

ある中堅の製造業Ｅ社から、ＡＩ人材が欲しいので相談に乗ってほしいという依頼がコーン・フェリーに入った。Ｅ社は数千億規模の売上を持つ優良な企業ではあるが、社長の在任期間は10年以上に及び、長期政権の感があった。社長自身は温厚な人物ではあるものの、社長が10年以上も変わらないような会社では、社長に対して自由に意見が言えるような雰囲気を持つことは得てして難しい。オーナー企業ではないものの、E社は社長の絶対王政に近い状態になっていた。

この社長とお会いした際、「そろそろ弊社でもAI人材を招聘して、新しいことをどんどんと打ち出していかなければならないので、後はこの横に座っている管理部門担当の役員と上手く進めておいてください」と、とても漠としたお話を頂いた。この際に、社長がどのような人材のイメージを持っていらっしゃるのか聞いてみたが、これといって確たる考えをお持ちではなかったし、それを聞かれても困るというような雰囲気すらあった。

人材探しを進めるにあたって、まずは管理部門担当の役員に加え、新規事業室の室長と一緒に採用したい人材像の詳細について議論を行ったが、基本的に社長のリクエストと変わることなく、平たく言うと「この会社にいない、すごい人が欲しい」という以上のものではなかった。少し時間を置く必要があると判断し、改めて時間と場所を設けて再度議論をしたが、役員も室長もＡＩに関する知識も理解も殆ど持ち合わせていなかったため、具体的な人物像にまで迫ることができなかった。

少し横道にそれるが、E社のような欲しい人材のイメージを描き切れていないケースでは、実力のある候補者を何名か紹介しても採用に至らないことが多い。その理由は、判断基準が

〝完全な人材〟を想定したものになっているか、大元の判断軸がないために「社風に合わなそう」とか「業界が違うからフィット感がないのではないか」というような、あまり本質的ではない判断が下されてしまうからである。また、これも奇妙な話ではあるが、AIのような新規性の高いテーマを取り扱う人材を探しているにも関わらず、少々尖った人材を紹介すると、自社に馴染むのが難しそうだとの理由で断られてしまうことが多々ある。本当は変化を必要としている会社が、変化を起こす可能性がある人材を御す自信がない、もしくはそうした人材に活躍の場を与える自信がないことの表れなのだろう。最初は難しい試みになるかもしれないが、変化をもたらすであろう尖った人材にも興味を持ってもらえるような、活躍できるような土壌と組織風土を醸成していく努力が必要になるのだと思う。人材像が不明なところからスタートするこういった案件は、クライアント企業側も人材サーチを通じて人物像を固めるとともに、さまざまな学習をしていくことになる。そのため、皮肉な話ではあるが、人材イメージが固まるにつれて、最初に紹介した（が、その際は良さが理解できず断った）方の良さが徐々に理解でき、なんとか再度お会いできないか、というようなことをサーチの終盤戦で切々とおっしゃる会社が多いことも事実だ。

E社の場合もまさにそうなのだが、上記のように採用したい人材の要件がはっきりしていない場合には、最初は候補者がはじかれる可能性が高いことは承知の上で、何人か実際に紹介していく過程で欲しい人材のイメージを固めていくのが一番の近道になる。E社の依頼はAI人材というところからスタートしているので、筋論からいえば、AIという技術を用いて何がしたいのかという点を煎じ詰める必要がある。当初は、高い技術をもって社内外の人材と自発的に交流し、どんどん新しい提案が行える人（しかも単独で）、というかなり無理筋な話が多かった。しかし、現実味がないことは重々承知の上で、できるだけ当たらずと言えども遠からずの人材を何人か紹介してみたり、他社の事例を通じて、E社が提示可能な報酬額と役割では理想に近い人材の採用が難しいことを示したりして、粘り強く議論を収束させていった。

加えて、人材市場においてAI人材と見なされている人たちから見た、E社の魅力度の低さを伝えることで、自分たちの立ち位置も知ってもらおうと試みた。こうした努力が実を結び、当初はAIという名を借りたスーパーマンを欲しがっていたE社だが、現状で多くの問題を抱えており、データの解析も一向に進んでいないサプライチェーンの分野に絞って人材を探すことに落ち着いた。そして最終的には、自身はそこまでの深いAI知識を持っているわけではないが、データ・サイエンティストのチームをマネジメントしたことがある人材を紹介し、無事に入社と相成った。

長い紆余曲折の期間があったとはいえ、自社がAIを使って解決したい課題をはっきりさせ、欲しい人材のイメージを描くことができた一つの成功例である。もう一つ、E社のケースで書き加えることがあるとすれば、これだけの議論と思案を経て辿り着いた答えであったため、候補者に対してE社が熱意を持って自社の思いを語ることができたことであろう。候補者が入社するか否かは、何も金銭的な条件ばかりでなく、その会社への共感や、提示された仕事へのワクワク感といった、多分に情緒的な条件も見逃せない。中途半端で投げ出さずに、真剣に考え抜いたからこそ、E社は嘘のない言葉で、しかも熱っぽく候補者への期待を伝えることができた。そのことが、いかに候補者の気持ちを惹きつける結果につながったか、敢えて説明するまでもないだろう。

エバンジェリストが社内を変革する?

エバンジェリストという仕事をご存じだろうか? 数年前から注目を浴びている仕事というか職種であり、主にＩＴ業界における一つの専門家である。一昔前に、「新世紀エヴァンゲリオン」というアニメが流行ったが、語源はそれと同じで、キリスト教における伝道師のことを指している。その役割を簡単にいうと、会社が持っている最新の技術やソリューションを潜在顧客に向けてわかりやすい形で説明することである。高度化し複雑化した情報技術を顧客の目線で捉え直して、その有用性を広く知らしめるとともに、デファクト・スタンダードとしての地位を確立させる伝道師的な仕事なのだ。このため、技術的な知識を有しているだけではなく、優れたプレゼンテーターでなければならない。Apple社の元CEOである故スティーブ・ジョブズなどは、エバンジェリストの代表選手であろう。同社の新製品発表会で、スティーブ・ジョブズが活き活きと、そして魅力的にiPhoneといった新しい製品をプレゼンテーションしていた姿を思い出すと、まさに伝道師の姿が想起されるだろう。

このエバンジェリストも、企業にDXをもたらす人材の一つである。ここでは、日本の歴史ある製造業の会社が外からエバンジェリストを迎えて、DXの第一歩を踏み出した事例を見ていきたい。

F社は伝統的に世界に誇る高い技術をもっており、新たにリリースされたあるサービスもその高い技術に支えられたものであった。しかし、問題は高い技術で作り出されていることによる功罪として、一般人にはその価値がわかりづらいものとなっている点にあった。

これは、何もF社に限った話ではなく、日本の製造業では良く聞く話である。自分たちでは自信を持って最高の技術を導入して作った製品やサービスなのに、あまりにマニアック過ぎて技術的な優位性が顧客の理解を越えてしまい、何が優れているのか顧客にはわからなくなっている。こうした類の例を耳にしたことがある方は少なくないと思う。F社はこれまで技術力を武器に戦ってきた企業なので、市場に対して新サービスの価値を上手に伝える術を持ち合わせていなかった。そこで、自社が提供できる価値を正しく啓蒙できるエバンジェリストを社外から採用したい、そういう話になった。

何人か候補になり得る人材がいたが、その中の一人がとても印象的なことを言っていた。その候補者は、F社の新サービスについて自分の人脈を生かして独自にいろいろと調査をしたそうだ。その結果、確かに技術は高いもののインターフェースの設計が弱く、ユーザビリティがあまりにも脆弱であり、他のサービスに対抗できる可能性は低いという結論に至ったとのことだった。自分で自信が持てないサービスを上手くプロモーションできるわけはない、そうした信念からこの候補者は辞退をしてしまった。結果はとても残念なものであったが、優秀なエバンジェリストというものは、常に最新のトレンドをアップデートするための人脈を持っており、情報収集を厭わないものなのだと再認識させられた。

何人かの辞退者があったが、最終的に一人の候補者の入社が決まった。そして、現在ではF社で期待された以上の活躍を見せている。エバンジェリストは、その価値を訴えていきたい製品やサービスについて誰よりも精通していることが大前提となる。そして、それらが優れている点を、誰にでも理解できる形で解説する能力も求められる。もちろん、単に解説すれば良いというものではなく、ビジネスとしてどういったところをアピールするべきなのかを、戦略的に検討して決定することも同時に求められる、とても難易度の高い仕事である。

それ故に、すべての資質を満たす人材は極めて少ない領域でもあるともいえる。

エバンジェリストには、一般的に高い自由度が認められていることが多い。例えば、こんな新サービス提供が可能であるということを、即興でプレゼンテーションやパネルセッションの場で言うこともできる。そして、言ってしまったからにはそれを引っ込めるわけにもいかないので、その後は開発部隊が頑張って実現するというようなことも起こり得る。それだけ自由度が高く、また社内に対する影響力も大きい役割なのである。

F社の事例において意外というか驚きがあったのは、役員としてエバンジェリストを採用したことだ。当初は、将来的には役員になることも見据えてという話であり、一足先飛びに役員で採用ということではなかった。しかし、候補者と面談した社長が、会社をすぐにでも変えていって欲しいと口にし、即決で役員として採用することを決めた。会社に足りないのは外に問いかけるエバンジェリストだと理解し、役員として外部から招聘することを決めたこの社長は、慧眼の持ち主だと思う。多くの社員を抱える伝統的なメーカーであるF社が、外からいきなり役員を採用するというのは決して小さな決断ではなかったはずだ。

今ではこのエバンジェリストは、社外に対する伝道活動を積極的に展開している。興味深いのは、彼がエバンジェリストとして広く活躍をし始めると、社外だけではなく、社内にも影響が出てきたことである。ある時、F社の技術部門の幹部から、「彼（エバンジェリスト）

の言っていることは社内でも話題になっている。なるほど、そういう見方もできるのかと感服した」といった趣旨のことをお聞きした。エバンジェリストとしての活動は、同時に社内に対するブランディング効果も誘発する。自分たちが関わっているサービスの価値や本質について、社員がもう一度見つめ直す契機を作り出しているのだ。F社におけるエバンジェリストの招聘は、新サービスの社外啓蒙に止まらず、自社の技術をこれまでとは異なる視点で捉え直すという、一種のDXを促進した成功事例だともいえる。

費用削減というDXの形

DXにはさまざまな形態が存在するが、一人のデータ・サイエンティストが、社内のこれまで全く手つかずであったデータの解析を通じて、数十億円規模となる大きな費用削減を実現したという話がある。一般的に4マス媒体（テレビ・ラジオ・新聞・雑誌）への広告宣伝費用というのは、莫大な金額になる。しかし昨今、インターネットの伸長によって大きく状況が変化し、これらの費用の実効性に疑問が出始めている。しかし一方で、4マス媒体への広告宣伝費が、どのくらい実効性が棄損されているについての効果測定というものは、いまだ難しいのが現状でもある。

ある消費財メーカーG社で、一人のデータ・サイエンティストが社外から採用された。彼はデータ・サイエンスの手法を駆使して、手始めに各種の売上データと広告宣伝費のデータを解析し、多くの4マス広告に実効性がないことを突き止めた。しかし、このデータ・サイエンティストの偉大なところは解析だけで終わらない点にある。単に課題を抽出することなら、他の人材やITを得意とするコンサルティング会社などにもできたのかもしれないが、彼は解析によって導いた事実を持って、社内の関係者を一人ひとり訪ね、費用削減の説得を重ねていった。

実際に広告費用を削減するとなると、これまで広告代理店と共に社内で業務をしていた社員の仕事が少なくなることが確実で、もしかすると仕事が全くなくなるかもしれない。あるいは、もし上手くいかなければ、売上を減じてしまう可能性すら危ぶまれる。G社は歴史のある会社ということもあって、全体的に保守的で説得は一筋縄ではいかなかった。だが諦めずに少しずつ成果を示しつつ、自分の味方になってもらえる社員を増やしていった。同時に関連するデータを継続的に収集し解析する体制を整えていくことで、最終的に大きな広告宣伝費用の削減を実現した。この削減した費用を、インターネットを含めた他の新しい媒体での広告に振り向けることで、売上にも好影響をもたらすことができた。もちろん、たった一人だけで成し遂げたわけではなく、役員の後押しがあって初めて成し得た話ではあるが、費用削減という形でDXが進んだ一つの好例といえる。

図表13 DX人材活用の成功例

E社	AI人材を探す過程で、サプライチェーンの改革が課題であることを発見
F社	エバンジェリストの採用により、社外だけでなく社内の意識改革を実現
G社	データ解析によって多額の広告宣伝費用を削減し、広告媒体の見直しを推進

売上が数千億円の会社で、数十億円の費用削減というと小さな数字に見えてしまうかもしれないが、一人のデータ・サイエンティストの採用にかかった費用から考えると、費用対効果は莫大である。加えて、データ解析を通じて改革を進めたことで、これまで当たり前と考えられてきた4マス媒体での広告宣伝に疑問符をつけると同時に、真に効果的な宣伝広告のあり方を知らしめ、社内を変えていったことの意義は極めて大きい。

ＡＩ人材を探しているうちに、サプライチェーンの改革が課題であると悟ったE社。

エバンジェリストを採用することで、社外だけでなく社内の意識改革に成功したF社。

データ解析によって多額の広告宣伝費用を削減し、広告媒体の見直しを進めたG社。

それぞれで、ＤＸ人材が担った役割と、彼らが会社に与えた影響は異なるものである。しかし、彼らには確実に共通しているものがある。そ

図表14　DX人材に共通する資質

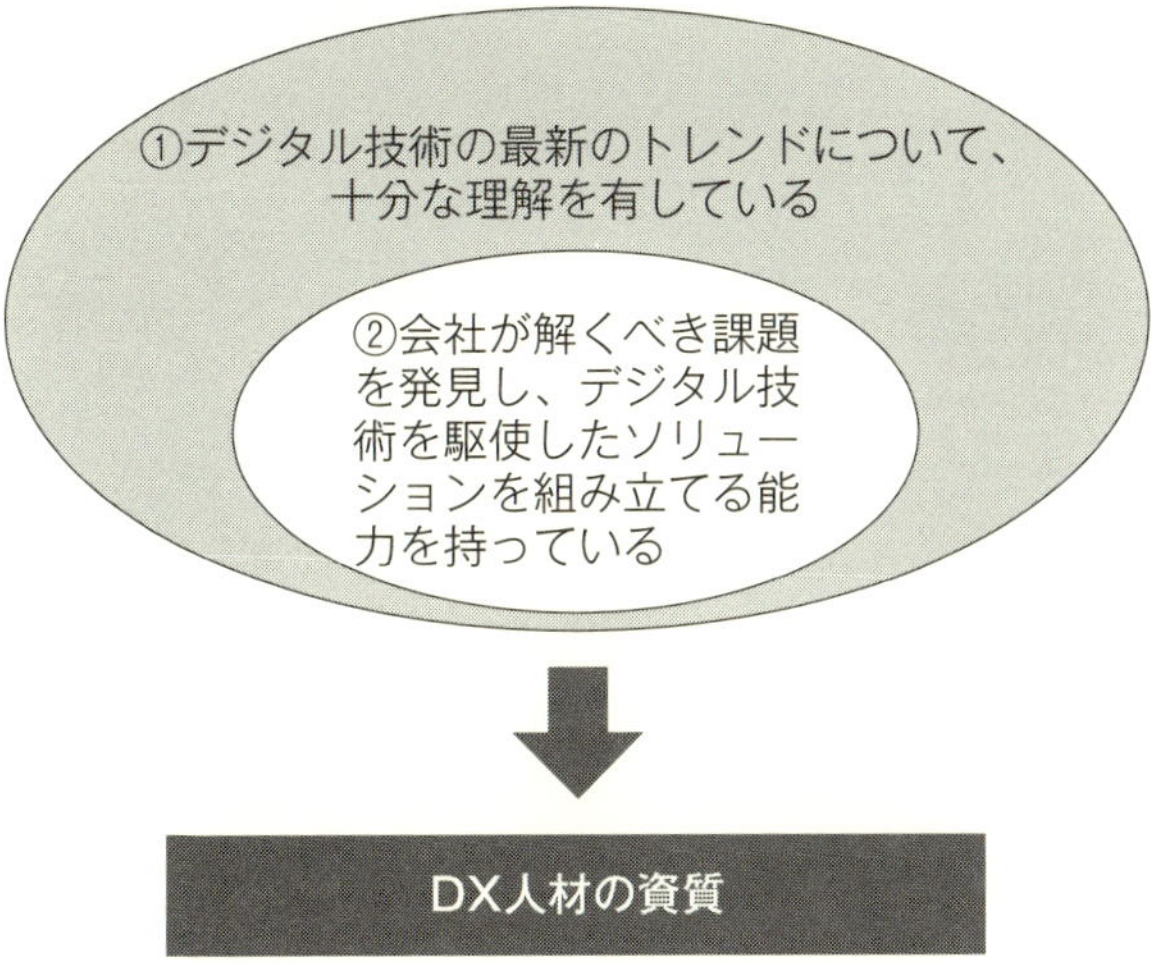
①デジタル技術の最新のトレンドについて、十分な理解を有している
②会社が解くべき課題を発見し、デジタル技術を駆使したソリューションを組み立てる能力を持っている
DX人材の資質

れは、**①デジタル技術の最新のトレンドについて、十分な理解を有していること**だ。このアップデートを怠ってしまうと、自分のDX人材としての価値をすぐに急降下させてしまうことになる。そしてもう一つの共通項は、**②会社が解くべき課題を発見し、デジタル技術を駆使したソリューションを組み立てる能力**である。

①のデジタル技術に対する知見や、またそのトレンドについての理解に関しては、あまり言葉を尽くす必要もないだろう。そもそもDX人材といっているのに、デジタル技術について底の浅い知恵しか持っていないようでは全くお話にならない。その一方で、②の課題を発見する力とソリューションを組み立てる力は、少し話を続けなけ

ればいけないように思う。これらは何もＤＸ人材に限って必要な資質ではないようにも思えるが、その実、ＤＸ人材を決定づける極めて重要な資質でもある。そして、日本企業が欲するＤＸ人材は一体どこに存在しているのかを探る上で、一つの鍵になるポイントでもあるのだ。

4-3 デジタル人材を獲得するために

ＤＸというものは、従来のシステム開発や研究開発などの業務とは大きく異なる点がある。それは積み上げではできない、ということだ。ＤＸには、事業拡大や利益率の向上などを目指して課題を設定し、さまざまな手段の中から最適なものを選択した上で、システムを構築し運営することが求められる。ここで大事なのは、どんな技術を用いようが、基本的には自ら白地に事業課題を設定して、それを解決に導くということである。まずは技術ありきで、それから何ができるかを考えるのとは真逆の発想法がＤＸには求められる。本来は課題解決の手段であるデジタル技術にばかり注目し過ぎると、ＤＸの本質を見失うことになる。

以前、ある企業からＤＸ人材として高く評価され、採用された人物（Ｈ氏）がいる。面白いのは、Ｈ氏自身は、自分がＤＸに明るい人材であるとの自己認識を全く持っていなかったことだ。Ｈ氏が勤務していたのは、センサーをコアとするハードウェアを開発製造する中規模の会社であった。その会社の中で、Ｈ氏は自社のハードウェアだけではなく、クラウドサービスまで組み合わせた形でクライアントに対してサービスを提供する事業を行っていた。

Ｈ氏はクライアントの課題解決のために、自社が持っているアセットだけではなく、他社の技術やサービスまでも組み合わせることで、付加価値の高いソリューションを提供していたのである。

Ｈ氏は国内外のネットワークサービスに関する会合や発表などに顔を出し続け、人脈を構築しては調査を継続的に行うことで、市場にはどのような共通課題が存在し、またどのように解決することができるのかを考え続けていた。こうした日々の努力を通じて、クライアントの課題を見抜き、どんなソリューションの組み合わせが可能かを提案する素地を養っていたといえる。Ｈ氏のこれまでの仕事を見ると、ＤＸという言葉から連想するイメージとは異なるものかもしれない。どちらかといえば、ＩＴ関連のコンサルティングに近い仕事である。ただし、実際のところはＨ氏を高く評価し、是非とも自社のＤＸを任せたいという企業が存在するのである。

会社の机に噛り付いたままでは、ＤＸなど実現できない。課題を見つけるために自分から現場に飛び込み、その課題を解決するための方法を知るために世間の動向に目を光らせる。確かに、そうした努力なり姿勢なしでは、変革なんて起こしようがない。このＨ氏が語っていた、「現場を知らなければ話にならない」という言葉はとても印象深いものだ。Ｈ氏以外にもデジタルの世界で高い市場価値を有する方にお会いすると、現地現物主義とでもいうべきか、自社で問題が起こっているところ、最新の技術が生まれているところに足を運び、自分の目で確認していることがわかる。雑誌の記事やネット検索などでは、本当に価値ある情報には触れられないというわけだ。

さてここから、自社内では見つけられない、ＤＸを実現できる人材がどこにいるのかを考えたい。ここまでに見てきた日本企業の事例でも、ＤＸ人材はすべて社外から採用していた。ということは、日本のどこかにＤＸ人材の居所があるはずだ。そこがどこなのかを素直に考えれば、恐らくデジタル技術に長けた会社、例えばＩＴコンサルティング会社やＩＴベンチャー、SIerなどが思い浮かんでくるはずだ。間違っても、事業会社の社内ＩＴ部門にＤＸ人材が眠っているとは誰も思わないだろう。しかし、本当にＩＴコンサルティング会社やSIerなどに変革を起こせる人材が沢山いるのかというと、それには何となく違和感を覚える。

もちろん、こうした企業からＤＸ人材として他社に引き抜かれていく人材がいるのも事実である。その一方で、著名な消費財系のメーカーにおいてマーケティングを仕事にしていた人材が、ＤＸの一つのキーワードであるユーザーエクスペリエンスの専門家として、他社に採用されるケースがある。さらには、一見するとＩＴとはあまり関係のない戦略を専門とするコンサルティング会社から、デジタル技術を使って業務効率化を推進する責任者を採用した日本企業もある。こうして見てみると、ＤＸ人材はある特定の業界や業種にのみ、固まって存在しているというわけではなさそうだ。デジタル＝○○業界、などといった単純な構図ではないということだ。

ＤＸ人材の居所を突き止めるには、もう一度、彼らに共通する資質を振り返るべきである。先の項で論じたが、その共通項は**「①デジタル技術の最新のトレンドについて、十分な理解を有していること」「②会社が解くべき課題を発見し、デジタル技術を駆使したソリューションを組み立てる能力を持っていること」**、であった。これらの資質を持っている人材がどこにいるのかを考えれば良い。想像してみれば明らかなことだが、やはり残念ながら、二つの資質を兼ね備えた人材が固まって存在する特定の場所などはない。むしろ、業界や会社の大小に関係なく、自ら課題を提起してソリューションを提案し、実際に運用まで持っていくことができた人材かどうかを見極めることこそ肝要である。ソリューションを提供した相手は、自社の経営陣である場合もあるし、顧客の場合もある。社内であれ社外であれ、デジタルの知見を活かして相手の課題解決に責任を持って取り組んだ経験が多いほど、ＤＸ人材として有力な候補者になるのである。

つまるところ、業界や業種といった簡単な属性を頼りにＤＸ人材を探し当てることはできず、候補者一人ひとりの職務経験をきちんと紐解く必要があるのだ。この職務経験の紐解きを軽視して、候補者が勤務する会社の名前や肩書だけを頼りに採用してしまい、不幸なミスマッチになった例は数え上げるときりがない。しかし一方で、ＤＸ人材の候補となり得る対象者を一人ひとり、精査していくのも大変な作業であるのも確かなことだ。そこで、ＤＸ人材採用を効率化させる一つの手段として着目すべき、〝出戻り〟について考えてみたい。

ここのところ、日本の大企業にも一旦は退職したものの、再度戻ってくる人が増えてきている。日本マイクロソフトからパナソニック社に返り咲いた樋口泰行氏などが代表的な例だろう。一度外に出て経験を積み、辞める時よりも上位の責任ある立場で元の会社に帰還する、といった話をあちこちで耳にするようになった。このような同じ企業への再就職というのは、企業側からみても個人の側からみても、とてもメリットがある良いキャリアパスなのではないかと思う。個人にとっては勝手知ったる職場や会社であることに加え、社外で得たさまざまな知見をもって元の会社に貢献することができる。企業側からみれば、細かな素性までは知らない人材を採用するよりも、実際にどんな人材か十分に検証ができている人材を採用する方が、圧倒的にミスマッチのリスクが少ない。

ＤＸ人材という文脈からこの出戻りを眺めると、日本の大企業を一度辞めてＩＴベンチャーや通信会社に転職して数年経験を積み、ＤＸの旗振り役としてまた元の会社に戻ってくるというケースが出てきている。そして、こうした出戻りは、会社からも個人からも成功だったと受け止められていることが多いように感じる。その理由は二つ考えられる。まず、ＤＸ

はその単語が示しているように、変革（Transformation）を引き起こすことを意味している。変革の性質は、ＤＸを推進していく人材にとって大きな意味を持っている。

ＤＸは一人だけで完結できるものではなく、社内の多くの人たちを巻き込んで、会社全体を動かして変えていかねばならない活動である。それゆえ、ＤＸの責任者には周囲に働きかけて、ある種のうねりを生み出していくことも大事な仕事になる。前項で見た、日本企業におけるＤＸ人材採用の成功事例からも、基本的には自己完結型の仕事ではなく、意識的にせよ無意識的にせよ、社内に影響を与えて物事を成就している姿がわかるだろう。

組織で働く方であれば容易に想像がつくと思うが、外から入ってきた人が短期の内に社内の影響力を獲得できるかというと、それはかなり難しい。それぞれの会社には独自の力学もあれば、長く勤めている社員にはそれなりのプライドがある。新参者の言うことを、全員が素直に聞き入れるとは限らない。しかし、出戻った人であれば少し話が違う。多少は古いものになるかもしれないが、その会社の文化や意思決定の構造も知識として持っているし、旧知の同僚や上司、部下だっているだろう。全く違う会社から入社した人と、出戻った人では、組織を動かしていこうとした時にどちらが有利であるかは言うまでもない。

もう一つ、成功確度が高い理由として、出戻った人は概して会社に対するロイヤリティが高いことがあげられる。これは出戻りをした人が会社に対しても、あるいはもっと身近な職場に対しても「お世話になった」と感じているからだ。自分の都合で辞めて出ていったにも関わらず、また受け入れてもらったことに感謝したい、そういう心情に至るようである。DXでも何でも、変革と名の付くものに簡単に成し遂げられるものは少ない。特に、DXのように社内に蔓延する従来的な考え方や価値観を転換させ、社員の働き方までも変えようとする試みでは、理屈では割り切れない理不尽な場面に直面し、感情的な抵抗を受ける可能性だってである。そうした難局からも逃げ出さずに粘り強く取り組んでいく源泉として、その会社に対するロイヤリティが大事なのである。

以上、DX人材採用の一つの手段として出戻り組について論じてきた。出戻りでもそうでなくても、仮に幸いにして探し求めていた人材を採用できたとして、彼らが100%思い通りに活躍できるとは限らない。より正確には、採用した人材が十分にその力を発揮するための受け入れ態勢を整えるべきだ、と言わねばならない。口惜しいというかもったいないことに、せっかく相当の時間と労力をかけて採用したDX人材が、期待通りの活躍をどうしてもできずに、結局辞めてしまったという事例が少なくない。考えてみれば、これまでの会社には存在しなかったポストを新しく作って、通常の業務とは異なる変革という使命を与えるわけなので、何の配慮もしなければ上手くいかないのも道理である。最後に、DX人材が期待通りの活躍を見せてくれるための条件について見ていきたい。

①破壊権限の付与

デジタル技術で新しい事業を創り出すのであれ、業務を効率化するのであれ、ＤＸでは既存の体制や仕組み、やり方を一度破壊することになる。ということは、ＤＸの責任者には現状破壊を可能にする権限を与えなければならない。単に新しいことを始めるだけであれば、誰も文句をいわない。反面、現状を否定しようとすると多くの反対を受けることになる。ＤＸは本来的に現状否定の性格を持っているので、誰にでも耳障りがいい活動ばかりをやっているわけにはいかない。

今まで営々とその会社の中で積み上げられてきたビジネスモデル、仕事の進め方、あるいは社員の物事の考え方を一旦はご破算にして、デジタル技術を注入して組み立て直すところまで踏み込まなければ、意味ある変革にはならない。ＤＸの責任者にそれだけの権限を与えようとすると、組織内の位置づけもそれ相応になるのが通例だ。会社内で最も権限を持っている経営者の直下に、チーフ・デジタル・オフィサーという形で配置されるのがその典型例である。

②体制設計の自由度

ＤＸをいざ始めようとした時に、そもそもデジタルとは、という具合に社内に教育なり啓蒙なりをしている暇はあまりない。デジタル技術の社内浸透を待っていては、とてもではないが時間がかかり過ぎる。他の社員に比べて、いかにＤＸ人材がデジタル技術に関する知識に優れているとしても、一人だけですべての技術分野を網羅できるわけではないし、また人手が十分ではないこともある。自分が得意とする分野以外を補完できる人材、やりたいことを瞬時に理解してくれる人材を採用し、チームを組むための自由度を与えることが肝要である。ＤＸの責任者の意に沿わないチームを組んでしまうと、変革の難易度を上げてしまうことになりかねない。

③報酬水準の考慮

往々にして、社外から採用するＤＸ人材は、社内の報酬水準に合わないものだ。現状の年収を維持する形で採用しようとすると、それが若い人材でも、自社では役員並みの報酬水準になってしまう、ということも間々ある。それも当たり前の話で、ＤＸ人材は日本の人材市場において希少性が高く、また市場価値も高いため、その他の人たちと同じ水準感で考えるわけにはいかない。そうした事情に目もくれず、無理に自社の水準に当てはめて採用しようとすると、はなから見向きもされない可能性が高い。万が一、それでも運良く採用できたとして、ＤＸの多難な道のりの過程において、彼らの十分なパフォーマンスを引き出せない恐れがある。

お金だけがすべてではないというのは正論だが、変革の壁が立ちはだかった時に、「何で安い給与でこんなに苦労をしなければならないのか」という疑問を抱いたとしても不思議はない。彼らは、人材市場における自分の価値を良くわかっているから尚更だ。ＤＸ人材の報酬を考える際の心構えとして、こうした人材をずっと会社に抱え込むのは困難であることを前提に、彼らにやってもらいたい事を明確にした上で、成果報酬を念頭に置くといった柔軟性が必要である。期待する成果を満たすことを前提にしての高額な報酬、というわけだ。

④リエゾン役の配置

これは必須ではないかもしれないが、いわば異分子であるＤＸ人材と、その他の社員をつなぐ架け橋となるような人材を配置することもまた、時には重要なことである。出戻りの場合は別だが、社外からやってきたＤＸ人材の言うことが、他の社員には理解してもらえない、理解ができない場面が多々出てくる。デジタルに関する知識格差がその原因の場合もあるが、それよりはＤＸ人材の考えが社内では非常識的なことだったり、社内の常識がＤＸ人材にと

図表15　DX人材が活躍するための条件

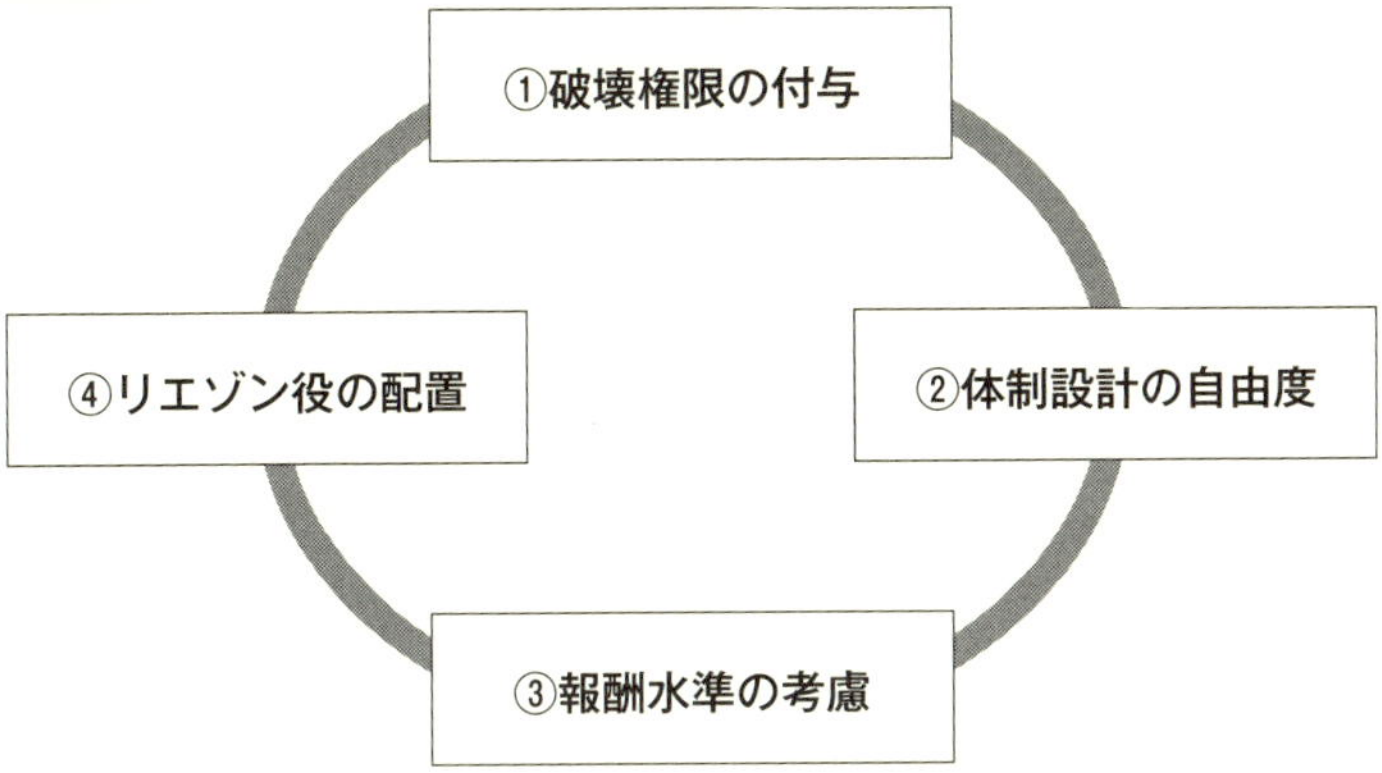

っては非常識であったりするからだ。双方の常識・非常識に関する観念のズレが、お互いのコミュニケーションを難しいものにしてしまう。

双方の常識が合致していては変革も何もないわけだが、ズレは矯正しなければ物事が前に進まない。そこで、ＤＸ人材の考えることをきちんと理解し、他の社員が吸収できる言葉に置き換えて（そのまた逆も然り）、相互の連携を促進できる人材が必要になる。まさに、リエゾン役である。リエゾン役には、デジタル技術に関する知識が絶対不可欠というわけではない。その会社のことを熟知していると同時に、相手のことを理解できる能力こそ大事である。変革の使命を帯びて外からやってきた人間にとって、会社との橋渡しをしてくれる人材が身近にいるのは、何より心強いことであろう。

ＤＸというものは、日本企業が逼塞した現状を打破するためのジョーカーのような存在である。使い方次第では何の役にも立たないが、きちんと使えば確かに強力なカードにもなり得る。ＤＸにただ踊らされるだけの企業もある中で、自社にとって有益なＤＸのあり方を考え抜いて、必要となる人材を確保できている企業もある。その違いは、デジタルという言葉に振り回されずに、実のある変革の有り様を地に足を付けて模索しようとする姿勢にあるのだと思う。模索の結果として、獲得すべきＤＸ人材の姿は企業によってさまざまなものになる。

その一方で、日本企業に新たな風を吹き込ませることができるＤＸ人材には、共通する資質があるのもまた真である。それは多くの日本企業が抱え込んでいる課題に、どこか相通ずるものがあることの裏返しだともいえる。各社のＤＸ人材を何とか引き入れようとする試みはこれからも暫く続くものと思われる。ただ運良く採用できたとしても、これまでに培ってきた自社の尺度や風土を彼らに押し付けようとすると、どこかで破綻をきたすのは過去の事例から目に見えている。ＤＸ人材を受け入れる側の企業には、それ相応の受け入れ態勢を整える努力が必要だ。自社に敢えて異分子を迎え入れ、トランスフォーメーションを起こそうという気概がなければ、追い求めているＤＸ人材は獲得できないのである。

第5章

いまこそ、人材トランスフォーメーションを起こす時

5-1 新種の人材に共通する特性

典型的な日本の会社員のイメージには収まりきらない新種の人材を社内で見つける、あるいは育てることはできないのだろうか？　次代の経営人材にせよ、新しい事業の創造家にせよ、はたまたＤＸ人材にせよ、日本企業の旧来的な採用や育成の方法では育むことは困難なように思える。もしも即戦力を期待するならば、社外で既に名を上げている人材を採用するしかない。しかし、そもそも希少価値が高い彼らの人材プールには限界があり、多くの会社が獲得競争に乗り出せば、そのプールはいつか必ず枯渇する。そうなれば、法外に高い報酬を提示して他社から強引に引き抜くか、自前で育てるしか方法はないだろう。

ところが、ＤＸ人材の章（第４章デジタル・トランスフォーメーションを実現する人材）で触れたように、単に金銭的な条件だけで、つまり高い年収を提示しただけで、新種の人材が採用できるというものでもない。人によって働くことに対する価値観が異なるため一概に言うことはできないが、お金以外にも仕事の内容、仕事の社会的な意義、一緒に働く仲間など、さまざまな要素が転職の決定因子になる。これだけ考えても、過当競争の中で他社から引き抜こうとすると、それほど高い成功確率は期待できないことがわかるはずだ。とすると、時間はかかるかもしれないが、人材を育てていくことも視野に入れるのが賢明だ。

自前での育成が必要、これはこれで正論なのだが、社員の全員を新種の人材へと育て上げていくのは現実的に不可能だし、その必要もない。本書ではこれまでに3種のニュータイプ人材の実像に迫ってきたため、かなり具体的なイメージを持っていただけているものと思うが、彼らはそれぞれで相当に特徴が際立っている人材である。社員全員が、そんなエッジの効いた人材になれるわけもない。また、社員全員が「経営者」や「事業創造家」になることを企業が求めるかというと、それはないだろう。社員は皆、経営者であるべきと謳っている会社もあるにはあるが、それはあくまで気構えであって、最終的にはどこかのタイミングで実質的な候補者に絞り込みがなされ、重点的な育成が施される。

何が言いたかったのかというと、もしも新しいタイプの人材を育てていこうとすると、その可能性を持っている者を見つけて、選択的に育成しなければならない、ということである。そう遠くない将来に、次代の経営者やDX人材になれる可能性を秘めた社員を探し出すのが、自前での育成を行うにあたっての第一歩になる。ここで最大の論点になるのが、その〝可能性〟をどうやって見極めるかだ。この論点を検討する手がかりとして、一つの枠組みを提示したい。

図表16 人材の特徴を把握するための枠組み

①　コンピテンシー 仕事における 行動と思考の特性	**②　経験** これまでの仕事で 培ってきた経験
③　性格特性 行動・意欲・感情の 傾向	**④　動機** 仕事を行う上での モチベーションの源泉

図表16は、コーン・フェリーが人材を分析し、その特徴を把握するために使用している枠組みである。人材を四つの要素に分解して捉えようとするものだ。四つの要素とは、ここまでに何回か登場した**①コンピテンシー**、その人がこれまでに積んできた**②経験**、人の振る舞いに大きく影響する**③性格特性**、そしてもっと根源的な**④動機**である。この四つの要素に簡単に解説を加えると、以下のようになる。

①コンピテンシー

行動と思考の特性を意味する。どんな行動ができるのか、どんな思考様式を持っているのかを問うものなので、能力と捉えてしまっても問題はない。

②経験

経験は字のごとくである。組織を率いる経験をしたことがあるか、事業責任を負った経験を持っているかといったように、仕事の中で積んできた経験を指している。かなり具体的な職務経歴といえば想像しやすいかもしれない。

③性格特性

こちらは、少し定義を明確にしておく必要があるだろう。性格というと、社会通念的には行動・意欲・感情の傾向のことを指している。どんな行動を取りがちか、どんな欲求を発露しがちかなど、その人の特徴を傾向という確率論で語ろうとするのが性格である。コーン・フェリーの枠組みで規定している性格特性も、大筋では先の一般的な定義と変わらない。「その人がどんな行動や思考をする傾向があるのか」を多面的に捉えようとするのが、ここでいう性格特性である。

④動機

性格特性に比べれば、動機は解釈にあまりぶれが出ない要素ではないだろうか。仕事において、どんな状況でモチベーションを掻き立てられるのか、それがここでいう動機である。ある人は高い金銭的な報酬を与えられた時かもしれないし、ある人にとっては難題にチャレンジする状況かもしれない。その人にとっての、仕事を行う上でのモチベーションの源泉こそが、動機の意味するところである。

要素の解説はここまでにして、この枠組みを用いて、新種の人材に育つ可能性について考えたい。それには先ず、四つの要素の位置づけというか意味合いを整理する必要がある。①**コンピテンシー**と②**経験**とは、いずれも仕事と人材とのマッチングをする上で、最優先の判断材料にすべき要素だといえる。社外から人材を採用しようとすると、採用したいポストで必要とされる能力と経験とを明らかにし、それらに適合する人材を探すのが通常である。これは、コンピテンシーも経験も、あるポストで直ぐに成果を出すための条件だからだ。つまり、即戦略になり得る人材を見極めるための要素だと言っていい。

一方の、③**性格特性**と④**動機**を最重視して即戦力の見極めを行うかと言うと、決してそんなことはないだろう。急いで次の経営者を選ばなければいけないという場合に、幾ら性格特性的に経営者向きだといっても、能力や経験が不足している人であれば、決して有力な候補には選ばれないはずだ。では、これらの要素はどんな意味合いを持っているかといえば、まさに可能性を判断するための基準なのである。少し前に、性格特性とは「その人がどんな行動や思考をする傾向があるのか」を指すもの、と書いた。これを例の枠組みに当てはめると、「望ましい性格特性の持ち主であれば、必要とされるコンピテンシーが将来的に開発される可能性が高い」と読み替えることができる。コンピテンシーとは行動と思考の特性なので、そうした行動や思考をする傾向が高い人の方が、求められるレベルに達しやすいのは自明の理である。そして合理的に考えれば、求められるコンピテンシーを身につける可能性が高い人材に、優先的に貴重な経験を積ませていくべきといえる。要するに、今現在は十分な力量と経験を兼ね備えていなくても、性格特性や動機から育つ可能性を見極めることができるのだ。

これで、新種の人材として育っていく可能性を見る際の視点は定まったが、次に湧いてくる疑問は、どんな性格特性を持っていれば、どんな動機の持ち主であれば良いのか？　である。この難問に対して、コーン・フェリーが蓄積してきた性格特性診断のデータが明確な答えを示している。コーン・フェリーでは、日本の大企業を中心に性格特性を測定するための診断サービスを提供している。

ここからは、この診断データの分析を通じて、新種の人材が有している性格的な特性について見ていきたい。

図表17 性格特性の一覧

性格特性のカテゴリー	特性項目	項目の内容
①原動力	(1) 昇進意欲	さらに上位の経営職に昇進していくことに、どれほどの野心や情熱を持っているか
	(2) キャリアプラン	キャリア目標を明確に絞り、具体的なキャリアプランをどの程度持っているか
	(3) 役割に関する指向性	結果に責任を負うような仕事をどれほど楽しんだり、やる気を感じたりするか
②認識	(4) 自己認識	自分の強みや弱みをどの程度認識しているか
	(5) 状況認識	周囲の状況をどの程度客観的に認識しているか
③ラーニング・アジリティー	(6) メンタル・アジリティー	新しい、複雑な問題にどれ位の好奇心を持っているか
	(7) ピープル・アジリティー	周囲と信頼関係を構築し協働する傾向があるか
	(8) チェンジ・アジリティー	新しい可能性を推進し、アイデアを現実へと変える傾向があるか
	(9) リザルト・アジリティー	新しく、難しい状況でも結果にこだわる傾向があるか
④リーダーシップ特性	(10) 集中	詳細に配慮することと、大局を見据えることとのバランス
	(11) 粘り強さ	困難があっても長期的な目標を着実に追求する傾向があるか
	(12) あいまいさの許容性	不確実な、または混乱した状況へ効果的に対処する力があるか
	(13) 積極性	自ら進んで責任を負い、リーダーとしての役割を担う積極性の度合い
	(14) 前向きさ	困難な状況でも楽観的に考えて行動する傾向があるか
⑤疎害リスクの回避	(15) 不安定さの回避	感情を冷静にコントロールする傾向があるか
	(16) 微細管理の回避	不安があっても、他人の仕事に細かく口出しすることを抑えられるか
	(17) 閉鎖性の回避	自分にとって新しい見方や考え方をオープンに受け入れる傾向があるか

分析結果に入る前に、コーン・フェリーの性格特性診断の内容について概説する。診断の構造は、仕事に影響を及ぼす人間の性格特性を五つのカテゴリーに分類し、それぞれのカテゴリーにさらに細かな17の特性項目が紐づく形になっている。

17の特性項目は図表17をご覧いただくとして、五つのカテゴリーについて少し紹介したい。先ず**「①原動力」**だが、さらに上の責任や課題を引き受ける機会に対して、どの程度の意欲を持っているかである。単なる出世欲というより、現状よりも責任の重い、チャレンジングな立場を追い求める志向性といった方が正しい。

「②認識」は、自分自身と周囲の状況を冷静に認識して見定めようとする傾向のことだ。どうしても自己を客観視できない人、自分都合な目線でのみ周囲を眺めようとする人がいるが、そういう人たちはこの認識が低い。

次に**「③ラーニング・アジリティー」**である。ラーニング・アジリティーは、人事の世界ではちょっとした流行語になっている。きれいな形で日本語化するのが難しいのだが、学習の機敏性といって差し支えない。経験からより多くを学ぼうとする姿勢を指している。ラーニング・アジリティーが高い人は、一つの経験から、他者よりも多くのことを学んで、自分の血肉にすることができる。単純に学習意欲が高いだけでなく、学びで得たことを現実世界に直ぐに活かしていこうとする姿勢を問うている。

図表18 性格特性診断の類型別分析

性格特性のカテゴリー	特性項目	(a)将来の経営者候補	(b)新規事業の創造に携わっている人材	(c) DXをリードしている人材	(d)その他の人材
①原動力	(1) 昇進意欲	74.5	65.0	46.6	49.0
	(2) キャリアプラン	35.2	40.7	25.9	25.7
	(3) 役割に関する指向性	93.3	89.7	83.4	72.6
②認識	(4) 自己認識	55.6	60.0	47.0	42.9
	(5) 状況認識	56.7	60.1	41.4	40.8
③ラーニング・アジリティー	**(6) メンタル・アジリティー**	65.5	66.2	65.8	44.4
	(7) ピープル・アジリティー	55.6	61.7	43.9	34.5
	(8) チェンジ・アジリティー	66.3	70.7	64.7	44.0
	(9) リザルト・アジリティー	68.4	72.2	58.1	36.9
④リーダーシップ特性	(10) 集中	85.4	63.4	68.1	65.1
	(11) 粘り強さ	52.2	58.2	60.0	30.7
	(12) あいまいさの許容性	73.7	77.0	69.9	46.6
	(13) 積極性	72.1	63.2	43.4	47.3
	(14) 前向きさ	52.9	58.6	50.0	29.8
⑤阻害リスクの回避	(15) 不安定さの回避	63.7	66.8	46.6	48.7
	(16) 微細管理の回避	82.8	83.6	82.1	72.7
	(17) 閉鎖性の回避	80.2	80.7	78.8	58.7

＊ (d) その他の人材に比べ、スコアが20ポイント以上高い特性項目に網掛
＊ (a) 将来の経営者候補、(b) 新規事業の創造に携わっている人材、(c) 何らかの形でDXをリードしている人材、いずれも (d) そのほかの人材よりスコアが20ポイント以上高い特性項目を太字で表記

「④リーダーシップ特性」は、人の上に立つリーダーとしての性格特性である。このカテゴリーでは、例えば、小事にこだわり過ぎることなく大局を見据えようとする傾向があるか、あいまいで不確実な状況にも落ち着いていられる傾向があるかなど、リーダーとして望ましい行動の傾向を把握する。

最後の**「⑤阻害リスクの回避」**では、キャリアを積み上げていくにあたって、道を踏み外すようなリスクを回避できる傾向を備えているかを問うている。現状維持への過度なこだわり、感情をコントロールせずに直ぐに表に出してしまう傾向があると、光の当たる道から踏み外してしまう恐れがあるというわけだ。

これで、診断データの分析結果を眺めるにあたっての基礎理解ができあがった。それでは、分析結果の解説に入りたい。

図表18が、日本企業を対象にして実施した性格特性診断のデータを分析したものだ。サンプルは、日本企業の社員約2000名だ。その約2000名を**（a）将来の経営者候補**、**（b）新規事業の創造に携わっている人材**、**（c）何らかの形でDXをリードしている人材**、**（d）その他の人材**といった形で4類型に分類して、それぞれの類型の平均スコアを示している。対象者の分類を行う上では、調査を実施した各企業から提供された各種の属性情報やヒアリングを基にしているため、この類型化に大きな間違いはないものと思われる。

一つの判断目安として、**（d）その他の人材**の平均スコアよりも20以上高いところには色を掛けて強調している。各類型において、その項目が重要な性格特性であることを意味している。誤解なきようにお伝えしておきたいのだが、その他の人材といっても、ごく平均的で中庸な社員というわけでは決してない。そもそも、この診断の対象者として選ばれているのは、それぞれの企業で将来を嘱望されている社員が多い。そうした有望な社員の育成の方向性を見定める目的で、この性格特性診断は実施されている。ということは、（a）～（c）の人材類型で強調してある特性項目は、もし一般的な会社員と比較したとすると、相当に高いということになる。正確を期せば、その特性の傾向がかなり強いのである。

図表18を見ると、（a）～（c）の人材類型で若干の差は認められるものの、3類型で共通して高い特性項目が多いことに気付かされる。社内での役割や仕事の内容が異なっている3者間で、これだけの共通性があるのは驚くべきことだ。相対的に見れば、**（d）その他の人材**と比して高いスコアになっている特性項目が多いのは、**（a）次代の経営人材**である。これは経営者という仕事が、事業創造やDXのリードという仕事がやや専門特化したものであるのに比べると、より総合的な色彩を帯びているからだろう。こうした個別性も一定は存在するものの、やはり共通性の方が大きいのは間違いない。これ以降は、三つの人材類型で共通して高いスコアとなっている七つの特性項目に着目して話を進める。

(6) メンタル・アジリティー

新しい事象や複雑な問題に対する探求心、それがメンタル・アジリティーである。自分の専門外の事業分野や、これまでに取り組んだことのない経営課題に積極的に取り組む姿勢を持っている人は、メンタル・アジリティーが高いといえる。反対に、これまで慣れ親しんだやり方に固執する人、未知の世界を忌避し、熟知している世界を好む人はメンタル・アジリティーが低い。どんどん新しい事象にチャレンジする新種の人材には、必携の性格特性といえよう。

(8) チェンジ・アジリティー

人間には、自ら率先して変化を起こそうとする人と、自分が変化を起こすことには臆病で、変化には後から付いていこうとする人がいる。チェンジ・アジリティーが高いのは、明らかに前者である。また、チェンジ・アジリティーが高い人は未来志向でもある。将来の可能性を探り、その可能性を実現させようとする。変化を起こそうと試みるのは、来るべき将来を信じてのことなのだ。経営者にせよ事業創造家にせよ、自分なりに将来を見通して、そこに備えて現実を変えていかねばならない。それにはチェンジ・アジリティーが必要だ。

(9) リザルト・アジリティー

誰から頼まれるでもなく自ら高い目標を設定して、その達成に向けて邁進する人がいる。こうした人は、確実にリザルト・アジリティーが高い。難しい目標にこそやりがいを感じ、放っておいても結果を出すことにこだわる人たちだ。その反対で、確実に達成できる目標を好み、結果よりは過程に重きを置こうとする人もいる。こういう人はリザルト・アジリティーが低い。これまでの延長線上にはない世界で戦う人材には、どんな状況に置かれても結果を出そうとする強い執着心が必要だ。それこそリザルト・アジリティーなのである。

(11) 粘り強さ

粘り強さといえば、困難があってもめげずに決めたことをやり通す、そんなイメージを持つ。ただ、この特性項目にはそうしたしぶとさに加えて、自分の長期目標を持って、それを変えることなく突き通す、といった側面もある。長期的な目標とは、自らのキャリアの最終ゴールであったり、仕事上の将来目標であったりする。そのいずれであっても、一度決めた長期目標を容易に変えることなく、粘り強く達成しようとする傾向を問うている。確かに、困難に遭遇した際、日和見的にコロコロと目標を変えるような人では、新しい何かを生み出すことなどできはしない。

(12) あいまいさの許容性

コーン・フェリーの調査によると、概して日本人はこの性格特性が低いことがわかっている。何をすべきか判然としないような不確実な状況、進むべき道が見えない混乱した状況でも、尻込みすることなく、むしろカオスを楽しめる人。そんな逞しい特性を持っている人が、日本人には少ないようだ。この特性項目が低いと、確実な見通しが持てる状況を好み、あいまいさは忌むべきものと見なして排除するという行動を取る。リスクヘッジといえば聞こえが良いが、あいまいさや不確実性を避け続ける人では、未開の地には到達できない。新種の人材にとって、このあいまいさの許容性が大事な性格特性であることは、説明するまでもないだろう。

(14) 前向きさ

前向きさは、楽観的と言い換えることができる。将来について楽観的に捉え、困難に遭遇してもポジティブに受け止められる楽観主義こそ、前向きさの象徴である。逆に、常に斜に構えているというか、ネガティブな視点から物事を受け止める傾向がある人は、前向きさが低い。大きな事を成し遂げる人に批評家めいた陰性の性格の持ち主はおらず、必ずといって良いほど楽観的な陽性の性格を持っているものだ。

⒄ 閉鎖性の回避

現状を維持することへの過度な執着は、キャリアを形成する上で落とし穴になる。自分にとって新しいアイデアや見方を受け入れることをせず、自分の殻に閉じこもってしまいがちな傾向を持っていると、極めて識見の狭い人になってしまう。これまで自分が知らなかったいろいろな見方や考え方に、オープンな態度で接することができる人には、それだけ新たな可能性の扉が開かれる。閉鎖性を回避できる特性が大事な理由はそこにある。

以上、新種の人材の代表格である次代の経営者、事業創造家、ＤＸ人材に共通する性格特性を細かく描写したわけだが、どんな感想をお持ちになっただろうか。

先述の人材を捉えるための枠組みに照らしてみると、それぞれで求められるコンピテンシーや経験には確実な違いがある（Ｐ１８６図表16参照）。

一方で、もっと人間の深層に位置する性格特性に関しては、明らかに共通性があるということをデータが裏付けている。そして、彼らに共通する七つの特性項目を要約すると、ある一定の人材イメージが浮かび上がってくる。

・自分として将来的に成し遂げたい目標を持ち、
・その実現のためには変化や不確実な状況を苦にすることなく、
・むしろ新しい可能性を信じて積極的にチャレンジし、
・どんな苦難があっても楽観主義で乗り切り必ず結果を出す。

平たい言葉で叙述すると、こんな人材像が出来上がる。

もしも、こうした性格の特性を持っている人が近くにいたら、新種の人材になれる可能性を秘めた人物だということだ。育て方次第では、将来の経営者にも、ＤＸ人材にもなれるかもしれない。

さて、最後になるが、可能性を判断するもう一つの基準になり得る動機はどうかというと、残念ながら現状では性格特性ほどに十分なデータが収集できていない。有意なデータ分析を行うためには、もう少し時間が必要そうである。動機についても、新種の人材に焦点を当てて分析をすると、また新たな発見があるかもしれない。動機の分析は、次の研究課題として取り組んでいきたいと思っている。

5-2 日本企業の人材トランスフォーメーション

現在、日本企業が追い求めている新しいタイプの人材になれる可能性を秘めた卵が、自社内にもいるかもしれない。性格特性という人材を捉える要素を手掛かりに、そのポテンシャルを持った社員を探し当てることが可能である。コーン・フェリーの経験から、どんな会社にもそうした可能性を持った人材が多少は存在するといえる。しかし、大多数の社員が、性格特性の面で新種の人材になれる可能性は少ないと言わざるを得ないのも事実である。日本企業が本気になって旧型の人材を新型の人材に入れ替えていこうとすると、つまり人材のトランスフォーメーションを起こそうとすれば、これまでの歴史の中で培われてきた〝人を見る目〟を変えることから始めなければならない。

それぞれの会社には、その会社独自の人を評価する基準というものが、明示的にも暗黙的にも存在する。明示化されているものでいえば、人事評価の基準があり、昇格や登用の基準もある。それらには、会社がどんな能力や資質を重視しているのか、どんな行動規範に重きを置いているのかが基準として示されている。しかし実のところ、こうした明文化された基準よりも、要職に人を就ける時や、社員を役員に昇進させる際に、暗黙的に人選びの物差しになっている基準の方が、より会社の真実を表していることもある。そうした暗黙的な人を見る基準は決して明文化はなされないが、歴代の経営者や、役員をはじめとする経営幹部の顔ぶれを見れば、その会社が本当に価値を置いている人材評価の目線というものが浮かび上がってくる。そしてそれらは、多分にその会社が歩んできた歴史に依存している。

欲している人材が社内に不足しているのであれば、その会社が培ってきた人材評価の目線に疑いを持つべきである。間違いなく、現在欲しがっている類の人材を採用し、育てて登用できる目線にはなっていないはずだ。手始めに、自社の中で重用されている社員、高く評価されている社員がどんな人物なのかを、具体像としてイメージしていただきたい。歴史の浅い会社でない限りは、社内で高い評価がなされている人物に必ずや何らかの共通項があるはずである。どんな業務でもそつなくこなせる人、とにかく売上の数字を作れる人、あるいは、マイクロマネジメントが得意な人など、会社によってさまざまな人物像があるはずだ。人材トランスフォーメーションに向けた本質的な課題は、社内に浸透しているこの既存の人物観を、変えていくことにある。

今回の分析によって明らかになった新種の人材に共通して見られる性格特性を重視して、人材を採用している日本企業がどれだけあるだろうか？　また、そうした性格的な特徴を持つ社員を積極的に要職へ抜擢している日本企業は存在するのだろうか？　意識的にそんなことをしている日本の会社は極めて少ないと言って問題ないだろう。しかし、まだまだ少ないながらも、新しいタイプの人材を外から持ってくるのではなく、自力で確保し育てようとして、人材採用の基準を大きく変えようとしている日本企業もある。

採用基準を根本的に変えよ

情報通信機器を中心に製造しているある大手メーカーI社では、これからの生き残りをかけてどんどんと新たな事業を創り出していくことを中期経営計画の目玉としていた。新事業を開拓する部署を立ち上げて、社内でエースと見なされている人材を配置していたが、成功例を生み出せていなかった。自社内で一線級の社員をしてもこうしたお寒い状況だったので、やはり社外から事業創造のエキスパートを採用しなければどうにもならないと考え、中途採用に力を入れることにした。ベンチャー企業や他メーカーで、新規事業を成功に導いた人材にアプローチを重ねたものの、この会社の持つ保守的な社風やイメージが障害となって、中途採用はなかなか上手く進まなかった。

そんなに都合良くはいかない、そう気づいてどうしたものかと思案した挙げ句、やはり自前で事業創造家を育て上げる他に道はないと思い至った。時間はかかるかもしれないが、地道な取り組みを続けるべきだと腹をくくったのである。

Ｉ社が最初に目を付けたのは新卒採用の基準だった。これまで採用してきた学生は、既存事業には適性があるものの、新たな事業を生み出すのに果たして適した人材なのだろうか？　そういう課題意識があったのだ。そこで、現在の採用基準が、事業創造の可能性を持った学生を選ぶのに相応しいものかを検証するプロジェクトを立ち上げた。案の定、検証の結果は、現行の基準は全く相応しくないというものだった。

現行の採用基準をざっくりいうと、他者との協調性や、自分が属する組織への貢献意欲などを重視したものであり、極めて毛並みの良い組織人を見抜かんとするものであった。一方で、自分たちが欲しがっている人材とは、もっと良い意味での我が強く、何としても達成したいこだわりや夢を持っているような学生である。どちらかといえば、これまで自社には馴染まないとして撥ね付けてきた人材だ。早速、検証の結果を基に、新卒採用の基準の見直しに着手した。

Ｉ社が素晴らしいところは、真に大事なのは明文化された採用基準ではなくて（もちろん、それも大事なのだが）、面接官のマインドセットにあると見抜いていたことだ。幾ら頑張って基準を書き換えても、面接をして採用可否を判断する人間の価値観が旧来のままでは、採用する学生も依然とさして変わらないものになってしまう。面接官の価値基準を変革するために、I社は時間を惜しまなかった。人事部と現場から募った数十人に及ぶ面接官を集めて、先ずは自分たちが好ましい、採用したいと思う学生像を言葉で表現するワークを行った。そうすると、言わずもがな、これまで採用してきた組織人的な人物イメージが浮かび上がってくる。

これは予期した通りの結果であった。このワークが目的にしているのは、面接官が持っている暗黙的な価値観を白日の下に晒すことにある。自分の内に潜在する価値基準を客観視しないと、己の人物評価の目線を変えることはできない。ひとしきりこのワークを行った後は、新しい採用基準を作成した意味とその内容について、時間をかけて丁寧に説明したのである。ここまで力を入れて取り組んだため、全員が全員とまではいえないものの、狙い通りの特徴を持った学生を採用することができた。採用は一定の成功を見たが、I社にとっては異種ともいえる社員を抱え込んだことになる。彼らが会社に幻滅して辞めてしまわないようにしつつ、近い内に事業創造家に育て上げることが、次なるチャレンジになっている。

キャリアの動線を見直せ

何の変哲もないことに聞こえるかもしれないが、これまでと同じような育成をしていては、社内にいる既存のタイプの人材しか育ってこない。そのことに薄々は気付いている日本企業は多いが、かといって育成のあり方を抜本的に変えようと試みている会社はそれほど多くない。ここでいう育成とは、何も研修だけを指しているわけではない。むしろ、実務を通じて人を育てること、つまり社内でのキャリアの歩ませ方について語ろうとしている。振り返っていただければ、職業人としての今の自分を形づくっているのは、実際の仕事の中で試行錯誤しながら取り組んできた経験であるはずだ。新種の人材を社内で育てようと、経験の積ませ方について見直そうとしている日本企業の実例を取り上げたい。

会社の将来を担う経営人材を育てたい。誰もがその名を耳にしたことがある、日本を代表するある大手企業J社では、人事部のみならず現経営トップまでもがそう真剣に考えていた。これまでと同じビジネスモデルで戦っていては、早晩壁に突き当たるのは目に見えている。将来の変化を見通して、自社のビジネスモデルだけでなく、業界の構造までも変えていける経営者、そんな人材を育てていきたい。それも一人や二人ではなく、数多くの経営人材を輩出することで中長期的な競争優位を確立する、この会社はそんな壮大な目標を立てていた。

しかし、現状の社内を見渡してみると、与えられた目標は何が何でも達成するというガッツと実行力を持った社員は揃っているものの、将来を予見して事業を構想できる社員はあまり見当たらなかった。どうしたら自分たちが求めている経営人材を育てられるだろうか、思案に思案を重ねた結果、当たり前といえば当たり前の一つの答えにたどり着いた。ポテンシャルを持った社員を見つけて、経営人材に必要な能力が鍛えられる経験を積ませれば良い。経営人材としての可能性を秘めている社員を見極める作業も、それはそれで骨の折れる作業だったが、それよりもどんな経験を積ませるべきか、その検討に多くの時間を要した。

単純化すると、これまでは高い営業成績を上げている社員を、優先的に主力事業の要職に就けていくというキャリアパスが主であった。要するに、より大規模で、より自社の強みが活かせる事業のマネジメント経験を積ませることで、人材を育ててきたのである。どの会社にも当てはまりそうな、王道ともいうべきキャリアの歩ませ方のように思えるが、これでは望む姿の経営人材は生まれてこない。

新たなキャリアパスを検討すべく、幾つかの調査分析を開始した。先ず、あるべき経営人材の姿に近いと思われる社員に対して徹底的にヒアリングを行い、どんな経験が今の糧となっているかを調べ上げた。加えて、さまざまな情報ソースを活用して、自分たちが思い描いている経営人材像に合致する社外の現役経営者の経歴を調べて、鍵となる職務経験は何なのかを特定しようとした。これらの調査研究を通じて、キャリアの組み立て方に方向性が見えてきた。

①できるだけ多くの異質な事業を経験すること、②既に確立された事業よりも、立ち上げ期から事業に携わること、③開発・生産・販売のフルセットを備えている事業を経験するこ

と。大きくいうと、この三つが、新たなキャリアの動線を描いていく上で大事なポイントだった。幸いなことに、規模の大小はあるものの、同社は数多くのさまざまな事業を営んでいた。きちんと探せば、先に挙げた三つの事業経験を積むことができる機会を見つけられる土壌があるのだ。ここから、J社の「何事も徹底してやり切る気風」が発揮される。単に方向性を見出しただけで安住することなく、望ましい事業経験を積むことができる、具体的なポスト名まで洗い出したのである。そのポスト名の書かれたリストには、これまであまり日の目を見ることがなかった事業や、十分な利益を上げられずに苦戦している事業の要職が数多く含まれていた。むしろ、これまで主力とされてきた事業のポストの方が少なかったのである。

ここまでやらなければ、絵に描いた餅で終わってしまう。社内で脈々と営まれてきた人材配置の流れを変えるためには、見た目が美しいコンセプトだけでは力不足である。もっと生々しく、具体性を持った仕掛けが必要だということに、J社は無意識的に気付いていたのかもしれない。将来の経営人材を育てる試みはまだ緒に就いたばかりだが、将来有望な社員のキャリアの歩ませ方にまで踏み込んだ改革は、確実に成果をあげるものと思う。

何度も繰り返して強調するが、いま日本企業が追い求める新しいタイプの人材は、数が限られた希少価値の高い人たちである。確かに、日本企業の焦りは理解できるものがある。会社の将来を任せることができる経営者の後継候補を見つけておかないと、先々の不安が消えることはない。既存の事業では成長の道筋が描けない中では、新たな収益の柱となる事業を創り出さなければ、株主への責任を果たすことができない。デジタル技術が新たな潮流を生み出している現在、デジタル・トランスフォーメーションに乗り出さなければ他社に大きく遅れをとってしまう。いずれも、今すぐに対策を講じておかないといけない頭の痛い課題ばかりだ。

そのため、即戦力を社外に追い求めたくなるのは自然の理だろう。ただ、焦りに任せて本当に欲しているのがどんな人材なのかを見失ってしまってはいけない。即座の人材獲得に躍起になっている時こそ、一度は冷静になって、自社に欠けているピースを埋めてくれる人材の姿を論理的に考えてみるべきである。本書で事例として取り上げた日本企業の混乱具合を見れば、焦りに駆られている時ほど、落ち着いて人材獲得を行うべきことがわかるだろう。

しかしながら、日本においてはまだまだ新種の人材が希少であることに変わりはない。即戦力だけで全てを賄うのはどう考えても無理である。日本企業が本気でこの種の人材を一定数確保していきたいと願うなら、人材のトランスフォーメーションを起こさなければなるまい。一見、それぞれで全く異なる役割を負っているようでも、新しいタイプの人材には明らかな共通性が見られた。そして、彼らに共通する性格特性を持っている人材は、今の日本企業にはなかなか存在しないこともわかった。この事実は、これまで多くの日本企業が似たようなタイプの人材を重視し、再生産してきたことの裏返しであると思われてならない。日本企業に蔓延している、人材に対する古い価値基準にメスを入れるべきではなかろうか。

社員を旧型から新型へ移行させる人材トランスフォーメーションは、人を見る目のステレオタイプを捨て去ることから始まる。新卒の学生であれ社会人経験者であれ、採用する際の基準、言い換えるならば人材の選択眼を再考する必要があろう。また、有能という評価を下して重用する社員の人物像をも改め、彼らのキャリアの歩ませ方をゼロベースで組み立て直す必要性も出てくるだろう。他社に先駆けてそれらに着手することができれば、人材面で一歩も二歩もリードできるはずだ。外にばかり目を向けていても大幅な進歩はない。遅きに失する前に、内にも目を向け、今こそ人材改革を始める時だ。

【著者】
柴田　彰（しばた　あきら）
コーン・フェリー　組織・人事コンサルティング部門リーダー
慶應義塾大学文学部卒　PWCコンサルティング（現IBM）、フライシュマンヒラードを経て現職。
各業界において日本を代表する大企業を主なクライアントとし、組織・人事領域の幅広いプロジェクトを統括。近年は特に、全社的な人材戦略の見直し、社員エンゲージメント、経営者のサクセッション、人材マネジメントのグローバル化に関するコンサルティング実績が豊富。
著書『エンゲージメント経営』（日本能率協会マネジメントセンター）、『職務基準の人事制度』（共著）、寄稿『企業会計』『企業と人材』ほか

第4章　共著者
川合　潤（かわい　じゅん）
コーン・フェリー　エグゼクティブサーチ　インダストリアルマーケット　プリンシパル
米ボストンカレッジ卒　慶應義塾大学大学院システムデザイン・マネジメント研究科修了。ソニー、大手日系サーチファームを経て現職。
エレクトロニクス大手のソニーにおいて組込みソフトウェアエンジニアと人事という２つの異なる領域を担当した経験を活かし、製造業マーケットにおけるエグゼクティブサーチコンサルタントとして、国内外の代表的な大手企業を含む製造業を中心にさまざまな経営人材のサーチを担当。

【執筆協力】
酒井　博史（さかい　ひろふみ）
コーン・フェリー　組織・人事コンサルティング部門　シニア プリンシパル
大阪大学工学部卒　同大学院工学修士及び経営管理学修士課程修了。JPモルガン（投資銀行本部）、ベイン・アンド・カンパニーを経て現職。
各業界の大手日本企業に対し、戦略立案から組織・人材改革に至る幅広いプロジェクトを支援。現職では、人材マネジメント、経営人材の選抜・育成に加えて、社員エンゲージメントや制度改革等のコンサルティングに注力。

齋藤　佐保里（さいとう　さほり）
コーン・フェリー　エグゼクティブサーチ　テクノロジーマーケット　プリンシパル
国際基督教大学卒　日系メーカー、大手外資テクノロジーカンパニーを経て現職。
メーカー経営企画、戦略コンサルティングでのパートナーの経験を活かし、テクノロジーマーケットにおけるエグゼクティブサーチコンサルタントとして、国内外の代表的な大手テクノロジー企業の経営人材や各業界におけるCDO/CTO/CIOを中心に様々なサーチおよびアセスメントを担当。

大浦　琢也（おおうら　たくや）
コーン・フェリー　組織・人事コンサルティング部門　シニア コンサルタント
一橋大学経済学部卒　早稲田大学ビジネススクール修了。メガバンク、外資メーカー、日系組織・人事コンサルティング会社を経て、現職。
幅広い業界の国内企業に対して、人事戦略、人事制度、社員エンゲージメント調査、人材アセスメントなど、多様なコンサルティングプロジェクトに従事。

人材トランスフォーメーション
新種の人材を獲得せよ！育てよ！

2019年8月10日　　初版第1刷発行

著　　者——柴田　彰

発 行 者——張　士洛
発 行 所——日本能率協会マネジメントセンター
〒103-6009　東京都中央区日本橋2-7-1 東京日本橋タワー
TEL　03(6362)4339(編集)／03(6362)4558(販売)
FAX　03(3272)8128(編集)／03(3272)8127(販売)
http://www.jmam.co.jp/

装　　丁——IZUMIYA（岩泉 卓屋）
本文DTP——株式会社明昌堂
印刷・製本——三松堂株式会社

ISBN 978-4-8207-3176-4 C2034
落丁・乱丁はおとりかえします。
PRINTED IN JAPAN